Hempel (Hrsg.) | Betriebswirtschaftliche Module
Produktionswirtschaft

Hempel (Hrsg.) | **Betriebswirtschaftliche Module**
Produktionswirtschaft

Merkur
Verlag Rinteln

Wirtschaftswissenschaftliche Bücherei für Schule und Praxis
Begründet von Handelsschul-Direktor Dipl.-Hdl. Friedrich Hutkap †

Herausgeber:

Günter Hempel, Dipl.-Hdl., Wangen im Allgäu

Verfasser:

Hartmut Hug, Dipl.-Hdl., Argenbühl

Dr. Hermann Speth, Dipl.-Hdl., Wangen im Allgäu

Günter Hempel, Dipl.-Hdl., Wangen im Allgäu

Das Werk und seine Teile sind urheberrechtlich geschützt. Jede Nutzung in anderen als den gesetzlich zugelassenen Fällen bedarf der vorherigen schriftlichen Einwilligung des Verlages. Hinweis zu § 52a UrhG: Weder das Werk noch seine Teile dürfen ohne eine solche Einwilligung eingescannt und in ein Netzwerk eingestellt werden. Dies gilt auch für Intranets von Schulen und sonstigen Bildungseinrichtungen.

Fast alle in diesem Buch erwähnten Hard- und Softwarebezeichnungen sind eingetragene Warenzeichen.

* * * * *

2. Auflage 2014

© 2009 by MERKUR VERLAG RINTELN

Gesamtherstellung:
MERKUR VERLAG RINTELN Hutkap GmbH & Co. KG, 31735 Rinteln

E-Mail: info@merkur-verlag.de
          lehrer-service@merkur-verlag.de
Internet: www.merkur-verlag.de

ISBN 978-3-8120-**0654-5**

Inhaltsverzeichnis

1	**Geschäftsprozess (Kernprozess) Leistungserstellung**	7
2	**Produktentstehung**	9
2.1	Begriff Produkt und der Planungsprozess der Produktentstehung	9
2.2	Prozesse zur Entwicklung eines neuen Produkts	9
2.2.1	Ablauf der Produktplanung	9
2.2.2	Prozesse der Forschung und Entwicklung	11
2.2.3	Prozesse der Produktgestaltung und Produktentwicklung	12
2.2.3.1	Kostenentwicklung und Produktgestaltung	12
2.2.3.2	Entwicklung und Lebensphasen eines Produkts	12
2.2.3.3	Rechtsschutz der Erzeugnisse	15
2.2.4	Konstruktionsprozesse und die Erstellung von Produktdokumenten	18
2.2.4.1	Ziel der Produktdokumentation	18
2.2.4.2	Konstruktionszeichnung	18
2.2.4.3	Grafischer Baum (Erzeugnisstruktur)	20
2.2.4.4	Stücklisten	21
2.2.4.4.1	Begriff und Aufbau von Stücklisten	21
2.2.4.4.2	Arten von Stücklisten	21
2.2.4.4.3	Baukastenstücklisten	23
2.2.4.5	Basisarbeitsplan	25
2.2.4.6	Teileverwendungsnachweis	27
2.2.5	Planung des Produktionsprogramms	31
2.2.5.1	Begriffe Produktprogramm und Produktionsprogramm	31
2.2.5.2	Arten des Produktionsprogramms	31
2.2.5.3	Bestimmungsfaktoren zur Planung des Produktionsprogramms	33
2.2.5.4	Festlegung des Produktionsprogramms	33
3	**Planung der fertigungstechnischen Rahmenbedingungen**	35
3.1	Bestimmungsgründe bei der Festlegung der Rahmenbedingungen	35
3.2	Fertigungsverfahren	36
3.2.1	Fertigungsverfahren nach dem Grad der Beteiligung menschlicher Arbeitskraft	36
3.2.2	Fertigungsverfahren nach der Häufigkeit der Prozesswiederholung (Fertigungstypen, Produktionstypen)	37
3.2.3	Fertigungsverfahren nach der Anordnung der Betriebsmittel im Produktionsprozess (Fertigungsorganisation, Organisationstypen)	39
3.2.4	Zusammenhang zwischen Kosten und Fertigungslosen: optimale Losgröße	43
3.3	Rationalisierung	50
3.3.1	Begriff, Anlässe und Ziele der Rationalisierung	50
3.3.2	Einzelmaßnahmen der Rationalisierung	52
3.3.2.1	Ersatz unwirtschaftlicher Anlagen	52
3.3.2.2	Standardisierung (partielle Massenfertigung)	52
3.3.2.3	Eigenfertigung oder Fremdbezug (Make or Buy)	57
3.3.3	Ganzheitliche Rationalisierungskonzepte	60
3.3.3.1	Just-in-time-Konzeption	60
3.3.3.2	Lean Production	61
3.3.3.3	Integrierte Aufgabendurchführung mithilfe elektronischer Informations- und Kommunikationssysteme am Beispiel des CIM-Konzepts	65
4	**Produktionsprozessplanung**	69
4.1	Prozesse der Produktionsplanung und Produktionssteuerung	69
4.2	Bedarfsplanung	71
4.2.1	Bestandsarten	71
4.2.2	Bedarfsarten	75
4.2.3	Bedarfsermittlung	76
4.2.3.1	Verfahren der Bedarfsermittlung	76
4.2.3.2	Bruttobedarfsrechnung	76
4.2.3.3	Nettobedarfsrechnung	78

4.3	Produktionsterminplanung (Ermittlung der Vorlaufzeiten)	84
4.3.1	Aufgaben und Planungshorizonte der Produktionsterminplanung	84
4.3.2	Mittelfristige Terminplanung	85
4.4	Bündelung der Bedarfe zu Losen (optimale Losgröße)	88
4.5	Kapazitätsbelegungsplanung und Kapazitätsabgleich	90
4.6	Netzplantechnik als Verfahren zur Terminierung	92
4.6.1	Einführung	92
4.6.2	Ablauf des Verfahrens	92
4.6.3	Darstellungsmöglichkeiten	93
4.6.4	Vorteile der Netzplantechnik	97
4.7	Auftragsfolgediagramm und Maschinenbelegungsplan	100

5 Produktionsprozesssteuerung — 104

5.1	Überblick	104
5.2	Fertigungsveranlassung und Fertigungsdokumente	104
5.3	Fertigungsüberwachung mithilfe der Betriebsdatenerfassung	106
5.4	Zuteilung der Erzeugnisse zum Kundenauftrag	107

6 Produktions-Controlling — 108

6.1	Aufgaben des Produktions-Controllings	108
6.2	Zusammenhang zwischen Änderungen der Produktionsmenge und Kostenentwicklung	110
6.2.1	Kostenverläufe bei fixen Kosten	110
6.2.2	Kostenverläufe bei variablen Kosten	112
6.2.3	Mischkosten	114
6.2.4	Kostenremanenz	114
6.2.5	Kritische Kostenpunkte	116
6.2.6	Einfluss der Fertigungsverfahren auf die Kosten	120
6.2.6.1	Grundsätzliches	120
6.2.6.2	Beispiel für die Auswirkungen von Kostenverschiebungen	121
6.3	Betriebliche Kennzahlen der Leistungserstellung	125
6.3.1	Produktivität	125
6.3.2	Wirtschaftlichkeit	126
6.3.3	Rentabilität	127
6.3.4	Kennzahlen zur Beurteilung der Prozessqualität	127
6.4	Qualitätsmanagement	130
6.4.1	Entwicklung des Qualitätsgedankens und die Notwendigkeit eines Qualitätsmanagements	130
6.4.2	Begriffe Qualität und Qualitätsmanagement	132
6.4.3	Zielkonflikt zwischen Qualität, Zeitbedarf und Kosten sowie dessen Lösung	133
6.4.4	Maßnahmen für ein Qualitätsmanagement	134
6.4.4.1	Normenreihe DIN EN ISO 9001:2008ff.	134
6.4.4.2	Konzept des Total Quality Managements (TQM)	138
6.4.4.3	Kontinuierlicher Verbesserungsprozess (KVP) – Kaizen	140
6.4.4.4	Betriebliches Vorschlagswesen	142
6.5	Umweltschutz	145
6.5.1	Grundsätzliches	145
6.5.2	Abfallvermeidung, Recycling und Entsorgung	146

7 Themenübergreifende Aufgaben — 150

Stichwortverzeichnis — 158

1 Geschäftsprozess (Kernprozess) Leistungserstellung

Beim Konzept der Geschäftsprozesse ist das Unternehmen bestrebt, die anfallenden Aufgaben in **zusammenhängende Folgen von Tätigkeiten (Geschäftsprozesse)** einzubinden.

Geschäftsprozesse sind durch nebenstehende Merkmale charakterisiert:

Merkmale von Geschäftsprozessen
- Zusammenhängende Folge von Tätigkeiten.
- Betrieblicher Ablauf wiederholt sich in gewisser Regelmäßigkeit.
- Geschäftsprozess bringt dem Kunden einen Nutzen
- Wertzuwachs beim Output gegenüber dem Input.

Geschäftsprozesse können nach der **Bedeutung der Geschäftsprozesse** für den Betrieb in Kernprozesse und unterstützende Prozesse untergliedert werden.

- **Kernprozesse** tragen direkt zur Wertschöpfung bei, erbringen die Hauptleistung des Unternehmens, liefern den Hauptnutzen für die Kunden. Wichtige Kernprozesse sind: der **Absatzprozess,** der **Leistungsprozess** und der **Beschaffungsprozess**.
- **Unterstützende Prozesse** leisten einen Wertschöpfungsbeitrag für Kernprozesse. Zu unterscheiden sind **Serviceprozesse** (Investitionen und Finanzierung durchführen, Personalentscheidungen treffen) und **Managementprozesse** (Strategien entwickeln, Unternehmen steuern).

Die nebenstehende Abbildung dient der Standortbestimmung des Abschnittes Leistungserstellungsprozesse. Sie hebt die Einordnung des Kernprozesses „Leistungserstellung" in das Schaubild als einer der drei Kernprozesse besonders hervor. Dieser Kernprozess ist gekennzeichnet durch ein hohes Maß an betrieblicher Wertschöpfung.

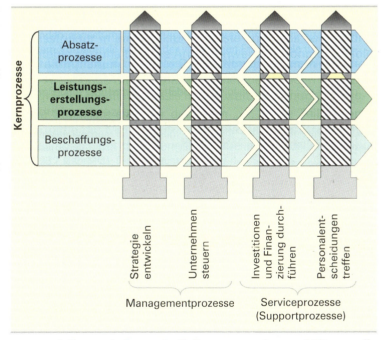

Isoliert man den Leistungserstellungsprozess aus nebenstehendem Schaubild heraus und gliedert ihn stufenweise zunächst in **Planungsprozesse**, **Steuerungsprozesse** und **Controllingprozesse** und diese wiederum in Teilprozesse, dann erhält man die nachfolgende Übersicht (siehe S. 8), mit deren Hilfe zugleich eine Zuordnung zwischen den einzelnen Subprozessen und deren betriebswirtschaftlichen Inhalten möglich ist.

Teilprozesse	Betriebswirtschaftliche Inhalte
Planungsprozesse	
Produktentstehung	■ Prozesse zur Entwicklung eines neuen Produkts ■ Forschung und Entwicklung ■ Prozesse der Produktgestaltung und Produktentwicklung ■ Produktdokumente: Konstruktionszeichnung, grafischer Baum, Basisstückliste, Basisarbeitsplan ■ Planung des Produktionsprogramms
Produkt schützen	■ Rechtsschutz der Erzeugnisse – Patent, Gebrauchs- und Geschmacksmuster, Marken- und sonstige Kennzeichen, Gütezeichen
Planung des Fertigungsverfahrens	■ Planung der fertigungstechnischen Rahmenbedingungen – nach dem Grad der Beteiligung menschlicher Arbeitskraft – nach der Häufigkeit der Prozesswiederholung – nach der Anordnung der Betriebsmittel im Produktionsprozess ■ Rationalisierung – Einzelmaßnahmen der Rationalisierung – ganzheitliche Rationalisierungsansätze
Steuerungsprozesse	
Produktionsprozessplanung	■ Bestandsarten ■ Bedarfsarten ■ Verfahren der Bedarfsermittlung ■ Bruttobedarfsrechnung ■ Nettobedarfsrechnung ■ Grobterminierung (Vorlaufverschiebung) ■ Bündelung der Bedarfe zu Losen und die Feinterminierung ■ Kapazitätsbelegungsplan/Kapazitätsausgleich
Produktionsprozesssteuerung	■ Fertigungsveranlassung ■ Fertigungsdokumente ■ Fertigungsüberwachung mithilfe der Betriebsdatenerfassung
Controllingprozesse	
Produktions-Controlling	■ Zusammenhänge zwischen Kosten und Beschäftigungsgrad ■ Betriebliche Kennzahlen – Produktivität und Wirtschaftlichkeit – Rentabilität – Kennzahlen zur Beurteilung der Prozessqualität ■ Umweltschutz ■ Qualitätsmanagement

2 Produktentstehung

2.1 Begriff Produkt und der Planungsprozess der Produktentstehung

Im Folgenden gehen wir von einem weit gefassten Produktbegriff aus.

> **Merke:**
>
> **Produkte** sind sowohl **Sachgüter** als auch **Dienstleistungen**

(handschriftlich: Friseur, Ärzte)

Der **Planungsprozess der Produktentstehung** umfasst folgende fünf Schritte:

2.2.1 Produktplanung	2.2.2 Forschung und Entwicklung	2.2.3 Produktgestaltung und -entwicklung	2.2.4 Erstellung der Produktdokumente	2.2.5 Aufnahme in das Produktprogramm

2.2 Prozesse zur Entwicklung eines neuen Produkts

2.2.1 Ablauf der Produktplanung

Die **Produktplanung** ist zunächst ein **strategischer Prozess** und kann grundsätzlich in vier Teilschritte aufgegliedert werden:

- Anstoß zur **Produktplanung**,
- Suche nach **Produktideen** und Auswahl von **Produktvorschlägen**,
- Beurteilung von **Produktvorschlägen** und
- **Produktauswahl** und **Produktionsfreigabe**.

(handschriftlich: Forschung u. Entwicklung)

Die Vergabe von Entwicklungsaufträgen (z. B. an die F&E-Abteilung) führt zu einer **Projektplanung** und **Projektrealisierung** und ist damit **operativ** ausgerichtet.

(1) Anstöße zur Produktplanung

Eine ergebnisorientierte Unternehmensführung achtet ständig auf den Lebenszyklus der einzelnen Produkte und ermittelt zukünftige Wachstumslücken. Für einzelne Produktkategorien musste in den letzten Jahren eine wesentlich kürzere Lebensdauer als früher üblich festgestellt werden, sodass eine entsprechende Verkürzung der Forschungs- und Entwicklungsphase für neue Produkte (Innovationszeit) notwendig wird. Daraus leitet sich ein ständiger Zwang ab, neue Produktideen zu generieren (entwickeln).

(2) Suche nach Produktideen und Auswahl von Produktvorschlägen

Die Suche nach neuen Produkten ist die gedankliche Vorwegnahme möglicher Problemlösungen durch neue Produkte oder die Imitation[1] bereits vorhandener Produkte. Bei der Entwicklung von Produktideen kann die Unternehmung grundsätzlich zwei Wege ein-

---
[1] Imitation (lat.): Nachahmung.

schlagen: entweder sie sammelt systematisch Produktideen, die mehr oder weniger zufällig entstanden sind, oder sie beauftragt eine Institution (z. B. die F&E-Abteilung, ein wissenschaftliches Institut einer Universität) mit der gezielten „Produktion" von Ideen.

Die gesammelten Produktideen werden systematisch aufbereitet und bewertet, um daraus anschließend einen detaillierten **Produktvorschlag** abzuleiten. Der Produktvorschlag enthält z. B. den möglichen Einsatzbereich des Produkts, die technischen Daten für die Produktion, das voraussichtliche Marktvolumen sowie eine grobe Kosten-/Erlös-Prognose.

(3) Beurteilung von Produktvorschlägen

Die Produktvorschläge werden in der dritten Stufe der Produktplanung bewertet. Häufig werden sogenannte **Produktbewertungsprofile** erstellt, die einen Überblick über Stärken und Schwächen der einzelnen Produktvorschläge geben.

Beispiel:[1]

	sehr gut (6)	gut (4)	durch-schnittl. (2)	schlecht (0)	sehr schlecht (−2)	Punkt-zahlen	Gewich-tungsfak-toren	Gewichte-te Punkt-zahlen
Absatzeignung:								
Markteignung	•					6	2	12
Vertriebseignung	•					6	2	12
Produktionseignung:								
Verfahrensbeherrschung			•			2	2	4
Kapazitätsbeanspr.		•				4	1,5	6
Beschaffungseignung:								
Rohstoffverfügbarkeit		•				4	1,5	6
Lieferantenabhängigkeit			•			2	1	2
F&E-Eignung:								
Know-how d. Mitarb.			•			2	1	2
techn. Ausstattung					•	−2	1	−2
Kapitalbindung:								
Anlagevermögen			•			2	0,5	1
Umlaufvermögen		•				4	0,5	2
Ergebnisbeiträge nach produktspezifischen fixen Kosten (ggf. inkl. Lizenzk.)	•					6	2	12
GESAMTEIGNUNG								57

Produktbewertungsprofil

---

[1] Nach: Hahn, D./Laßmann, G.: Produktionswirtschaft, 3. Aufl. Heidelberg 1999, S. 220. Beim Produktbewertungsprofil handelt es sich um einen Mehrfaktorenvergleich (Scoring-Modell). Vgl. hierzu Lernfeld 6, Kapitel 5.3.

2.2.2 Prozesse der Forschung und Entwicklung

Im Rahmen der Produktplanung ist die **Forschung und Entwicklung (F&E)** eine wesentliche Grundlage für Produkt- und Verfahrensinnovationen. In Anlehnung zum Begriff der industriellen Produktion kann F&E als **Produktion neuen Wissens** definiert werden.

(1) Forschung
Suche nach neuem Wissen u. Erkenntnissen

■ **Begriff**

> **Merke:**
>
> Unter **Forschung** versteht man das Herausfinden, Bestimmen und Festlegen von Wirkungszusammenhängen mithilfe naturwissenschaftlicher Methoden mit dem Ziel, das Wissen zu erweitern.

■ **Arten**

Grundlagen-forschung *(Universität, Institute)*	Die Grundlagenforschung dient der Erweiterung des Wissens. Sie will Erkenntnisse **grundlegender** Art gewinnen. Trotz der nicht zweckbezogenen Aufgabe der Grundlagenforschung erhofft man sich von ihr – vor allem wenn es sich um die **betriebliche** Grundlagenforschung handelt – Ergebnisse, die auch wirtschaftlich genutzt werden können.
Angewandte Forschung	Im Gegensatz zur Grundlagenforschung ist die angewandte Forschung auf die wirtschaftliche Verwertbarkeit ihrer Ergebnisse gerichtet. Die angewandte Forschung wird vor allem von Industrieunternehmen getragen. Die Ergebnisse der angewandten Forschung können rechtlich geschützt werden.

(2) Entwicklung

> **Merke:**
>
> **Entwicklung** ist die zweckgerichtete Auswertung und Anwendung von Forschungsergebnissen in technischer und wirtschaftlicher Hinsicht.

Die Entwicklung ist ein Teilbereich der Produktpolitik. Sie besteht aus der Weiterentwicklung bereits eingeführter Produkte, der Entwicklung neuer Produkte und der Entwicklung der erforderlichen Fertigungsverfahren.

Zielgerechte Auswertung u. Anwendung von Forschungsergebnissen zum Nutzen des eigenen Unternehmens

Wo die Tüftler arbeiten — Patentanmeldungen im Jahr 2012 je 100 000 Einwohner. Quelle: Deutsches Patent- und Markenamt © Globus 5587

2.2.3 Prozesse der Produktgestaltung und Produktentwicklung

2.2.3.1 Kostenentwicklung und Produktgestaltung

Bei der Gestaltung eines neuen Erzeugnisses ist der gesamte Produktlebenszyklus in den Gestaltungsprozess einzubeziehen, da die späteren Phasen des Lebenszyklus bereits im Entwurf des Erzeugnisses berücksichtigt werden müssen. Dies ist insbesondere deshalb wichtig, weil Änderungen an der Konzeption des Erzeugnisses immer teurer werden, je später sie in der Produktentwicklung eingeleitet werden. Änderungen an der Produktidee sind nahezu gratis, während Änderungen in einer angelaufenen Serienproduktion unter Umständen mit teuren und rufschädigenden Rückrufaktionen verbunden sein können.

Die nachfolgende Grafik zeigt den Zusammenhang zwischen Gestaltungsspielraum und Kosten einer Konzeptänderung in Abhängigkeit von der Phase der Produktentwicklung.

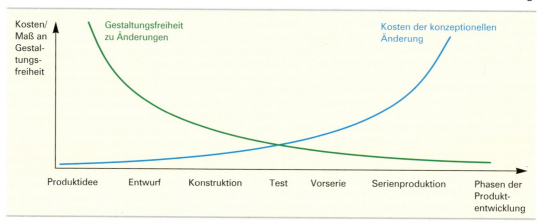

Man erkennt, dass in der Phase der „Produktidee" Änderungen kaum Kosten verursachen, da sie noch „im Kopf" stattfinden. Der Entwickler hat also noch ein hohes Maß an Gestaltungsfreiheit. Mit zunehmendem Reifegrad der Produktentwicklung gewinnt der Konstrukteur dann Erkenntnisse über die Machbarkeit seiner Idee, ob er der richtigen Idee oder einem Irrweg gefolgt ist. Gleichzeitig wird der Entwickler jedoch in seinen Freiheitsgraden mehr und mehr eingeschränkt, denn notwendige Änderungen werden immer teurer. Darüber hinaus entscheiden die Festlegungen im Rahmen der Konstruktion darüber, inwieweit das Erzeugnis fertigungsgerecht ist. Der Konstrukteur trägt somit ein besonders hohes Maß an Kostenverantwortung.

2.2.3.2 Entwicklung und Lebensphasen eines Produkts

(1) Überblick

Die Produktentwicklung lässt sich in weitere Teilprozesse untergliedern. Im Mittelpunkt dieses Prozesses steht die **Konstruktion**. In dieser Entwicklungsphase müssen bereits die Einflussfaktoren berücksichtigt werden, die erst in den späteren Lebensphasen eines Produkts wirksam werden. Die nachfolgende Funktionskette zeigt, auf welche Weise die Entwicklungs- und Lebensphasen eines Erzeugnisses bereits im Voraus im Rahmen der Konstruktion berücksichtigt werden müssen.

In der senkrechten Anordnung zeigt das Schaubild auf S. 13 die Lebensphasen eines Produkts, wobei der Prozess der Produktentwicklung besonders hervorgehoben ist. Diese Wirkungsrichtung ist durch die rückführenden Pfeile dargestellt.

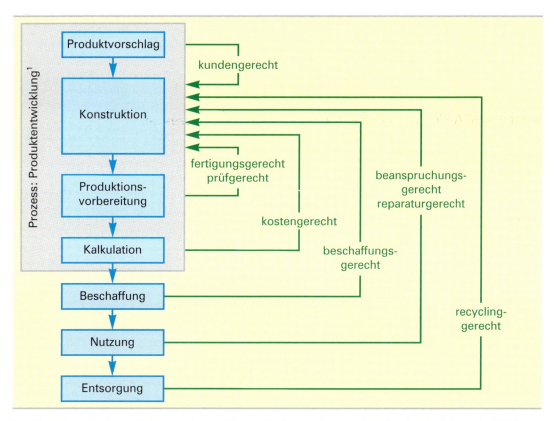

Im Einzelnen lassen sich aus den späteren Lebensphasen des Produkts folgende **Wirkungen** auf die **Konstruktion** ableiten:

(2) Produktionsvorbereitung

Hier sind eine Fülle von Faktoren zu berücksichtigen. Nachfolgend werden beispielhaft einige wichtige Faktoren vorgestellt:

Normierte Passstellen	Bei einem Pkw, der mit unterschiedlichen Motorvarianten geliefert werden kann, müssen alle Motorblöcke an jener Stelle einheitlich konstruiert sein, an denen der Motor in der Karosserie aufgehängt wird.
Fertigungsgerechte Materialien	Montageroboter können z.B. weiche Teile (Membran) nicht greifen. Hier müssen Materialien verwendet werden, welche die gewünschte Funktion erfüllen und gleichzeitig „robotergerecht" sind.
Rückgriff auf bereits konstruierte Komponenten[2]	Dies erspart sowohl erheblichen Konstruktions- und Entwicklungsaufwand als auch Fertigungskosten. Bereits die Bildung von Teilefamilien[3] trägt zur Kostensenkung bei.
Berücksichtigung von Toleranzgrenzen	Sinnvoll ist es, nur jene Toleranzgrenze zu fordern, die für die Funktion des Erzeugnisses notwendig ist. Exaktere Toleranzen werden in der Regel nur mit teureren Maschinen erreicht. Damit steigen die Fertigungskosten.

---

1 Vgl. Scheer, A. W.: Wirtschaftsinformatik, 2. Aufl., Berlin 1997, S. 533.
2 Komponente: Teil.
3 Das sind Teile, die in Bezug auf eine oder mehrere Eigenschaften untereinander gleich sind.

(3) Kalkulation

Die Herstellkosten des Erzeugnisses werden in starkem Maße beeinflusst durch die Art des verwendeten Materials und die damit verbundenen Herstellungsverfahren. So lassen sich z. B. Tanks aus Kunststoff kostengünstig durch ein Blaseverfahren herstellen. Darüber hinaus sind Kunststofftanks eher geeignet, Hohlräume im Unterbau eines Autos auszunutzen.

(4) Beschaffung

Die Anforderungen an das Vormaterial (Roh-, Hilfs- und Betriebsstoffe, Fertigteile, Baugruppen) lassen sich in einem **Lastenheft** formulieren. Es beinhaltet aus der **Sicht des Anwenders** bzw. **des Kunden** alle Anforderungen, die das Erzeugnis erfüllen soll. Das Lastenheft ist Basis für Ausschreibungen und Verhandlungen mit den Zulieferern. Es klärt, **WAS** verlangt wird und **WOFÜR** etwas verlangt wird.

Aus dem Lastenheft entwickelt sich das **Pflichtenheft**. Es wird vom **Auftragnehmer** erstellt und beschreibt, **WIE** und **WOMIT** die im Lastenheft formulierten Anforderungen gelöst werden.

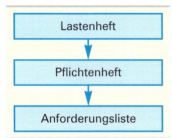

Konkretisiert wird das Pflichtenheft durch die **Anforderungsliste**. Die Anforderungsliste enthält die **Einzelanforderungen**, die konkret zu beschaffen sind. Sie ist Basis für die vertragliche Vereinbarung zwischen Auftraggeber und Auftragnehmer.

(5) Nutzung

Produkteigenschaft	Erläuterung
beanspruchungsgerecht	Der Kunde erwartet, dass das Erzeugnis für den Zweck geeignet ist, für den er es gekauft hat. Je nach Erzeugnis werden unterschiedliche Erwartungen gestellt wie z. B. Robustheit, vielfältige Kombinationsmöglichkeit, Stabilität, Leichtigkeit usw.
reparaturgerecht	Hier fördert z. B. die konsequente Modulbauweise eine rasche und kostengünstige Reparatur.

(6) Entsorgung

Die Verwendung weniger, sortenreiner Materialien und eine demontagegerechte Konstruktion (schrauben statt schweißen, zerstörungsfreie Demontage) unterstützen eine kostengünstige Entsorgung. Allerdings befindet sich der Konstrukteur hier unter Umständen in einem Dilemma.[1] So wird z. B. bei einem Autounfall von der Karosserie ein hohes Maß an Verformbarkeit zur Energieverzehrung erwartet, ohne dass sich allerdings die Struktur des Autos auflöst. Gerade Letzteres wird aber bei der Entsorgung gewünscht.

---

1 Dilemma: Wahl zwischen zwei (unangenehmen) Dingen; Zwangslage.

2.2.3.3 Rechtsschutz der Erzeugnisse

Unseriöse Konkurrenten können die Erzeugnisse, Muster, Modelle, Erfindungen und Warenzeichen anderer Unternehmen kopieren (nachahmen), um diese gewerblich zu verwerten. Deshalb kann dieses **geistige Eigentum** vor unberechtigter gewerblicher Verwertung und Nachahmung geschützt werden. Die wichtigsten Schutzrechte sind der nachfolgenden Tabelle zu entnehmen.

Patent (Patentgesetz [PatG])	Das Patent ist eine Urkunde, die dem Eigentümer gestattet, die zugrunde liegende Erfindung (z.B. Gegenstände, Herstellungsverfahren) **allein** auszuwerten.
	Das Patent wird in ein vom **Patentamt** geführtes Register eingetragen [§ 30 PatG]. Sitz des Patentamts ist München. Der **Patentschutz** dauert höchstens 20 Jahre [§ 16 I PatG].[1] Für jedes Patent und jede Anmeldung ist für das dritte und jedes folgende Jahr eine Jahresgebühr zu entrichten [§ 17 I PatG].
	Wer seine Erfindung gegenüber dem Ausland schützen will, hat sie auch dort zur Patentierung anzumelden **(Auslandspatent)**. Ein Erfinder, der wirtschaftlich nicht in der Lage ist, sein Patent selbst auszunutzen, kann dieses Recht verkaufen oder verpachten. Im Fall einer Verpachtung erteilt der Patentinhaber einem anderen die Erlaubnis, das Patent wirtschaftlich zu verwerten. Dieses **Verwertungsrecht** wird als **Lizenz**[2] bezeichnet.
Gebrauchsmuster (Gebrauchsmustergesetz [GebrMG])	Als Gebrauchsmuster werden technische Erfindungen geschützt, die **neu** sind, auf einem **erfinderischen Schritt** beruhen und **gewerblich anwendbar** sind [§ 1 GebrMG]. Der Gegenstand eines Gebrauchsmusters gilt als neu, wenn er nicht zum Stand der Technik gehört [§ 3 I GebrMG]. Gebrauchsmuster betreffen z.B. neue Gestaltungen, Anordnungen, Schaltungen oder Vorrichtungen zur Verbesserung des Arbeits- oder Gebrauchszwecks von Gebrauchsgegenständen, Arbeitsgeräten oder Teilen davon.
	Beispiele: An den Enden abgestumpfte statt spitze Scheren für Kinder; Spaten mit zugespitztem Vorderende anstelle der viereckigen Form; Stiele für Gartengeräte mit Vorrichtungen zur wahlweisen Verwendung unterschiedlicher Geräte; Leuchtfarben in Filzstiften; Solarzellen, die sich selbsttätig nach dem Sonnenstand richten; Handschuhe mit Reibflächen zum Schälen von Kartoffeln.
	Gebrauchsmuster werden in das beim Patentamt geführte Register für Gebrauchsmuster eingetragen [§ 8 GebrMG]. Der Rechtsschutz dauert maximal 10 Jahre [§ 23 I GebrMG]. Die Aufrechterhaltung des Schutzes muss ab dem vierten Jahr durch die Zahlung einer Aufrechterhaltungsgebühr bewirkt werden [§ 23 II GebrMG]. Das Recht ist vererbbar und übertragbar [§ 22 GebrMG].
Geschmacksmuster (Geschmacksmustergesetz [GeschmMG])	Als **Muster** im Sinne des Geschmacksmustergesetzes gilt die **zwei- oder dreidimensionale Erscheinungsform** eines ganzen Erzeugnisses[3] oder eines Teils davon, die sich insbesondere aus den **Merkmalen** ■ der Linien, Konturen, Farben, ■ der Gestalt, ■ der Oberflächenstruktur oder ■ der Werkstoffe des Erzeugnisses selbst oder seiner Verzierung ergibt [§ 1, Nr. 1 GeschmMG].

---

1 Aufgrund von Verordnungen der Europäischen Union über die Schaffung von ergänzenden Schutzzertifikaten kann ein ergänzender Schutz beantragt werden, der sich unmittelbar an den Ablauf des Patents nach § 16 I PatG anschließt [§ 16a PatG].
2 Für geschützte Marken können ebenfalls Lizenzen erworben werden.
3 Als ein Erzeugnis im Sinne des GeschmMG gilt jeder industrielle oder handwerkliche Gegenstand – einschließlich Verpackung, Ausstattung, grafischer Symbole und typografischer Schriftzeichen sowie von Einzelteilen, die zu einem komplexen Erzeugnis zusammengebaut werden sollen. Ein Computerprogramm gilt nicht als Erzeugnis [§ 1, Nr. 2 GeschmMG].

Es werden nur Geschmacksmuster geschützt, die **neu** sind und **Eigenart** haben. Von Eigenart kann gesprochen werden, wenn sich der Gesamteindruck, den das Muster beim informierten Benutzer hervorruft, von dem Gesamteindruck unterscheidet, den ein anderes, bereits öffentlich zugänglich gemachtes Muster bei diesem Benutzer hervorruft [§§ 2 II, 5 GeschmMG].

> **Beispiele:**
>
> Zweidimensionale Muster sind z.B. Druckmuster auf Tapeten und Stoffen, neue Muster auf Tischdecken und Teppichen oder ein neues Design auf Keramiken. Dreidimensionale Muster sind z. B. neue Flaschenformen, neue Formen eines Tafelservices, Formen von Personal Computer oder Autos.

Geschmacksmuster werden in das beim Patentamt geführte „Handelsregister für Geschmacksmuster" eingetragen [§§ 11, 19 GeschmMG]. Der Schutz dauert maximal 25 Jahre [§ 27 II GeschmMG]. Zur Aufrechterhaltung des Schutzes muss ab dem sechsten Jahr eine Aufrechterhaltungsgebühr gezahlt werden [§ 28 I, III GeschmMG].

Marke (Markengesetz [MarkenG])

Eine Marke oder ein anderes Kennzeichen ist dazu bestimmt, **Waren und Dienstleistungen eines Unternehmens** von denjenigen **anderer Unternehmen** (Hersteller, Händler oder Dienstleistungsunternehmen) zu **unterscheiden** [§ 3 I MarkenG].

Der Schutz der eingetragenen Marke dauert 10 Jahre. Eine Verlängerung um jeweils 10 Jahre ist möglich [§ 47 MarkenG]. Dritten ist es untersagt, ohne Zustimmung des Markeninhabers im geschäftlichen Verkehr ein mit der geschützten Marke identisches oder ihr ähnliches Kennzeichen für identische oder ähnliche Waren und/oder Dienstleistungen im Geltungsbereich des Markengesetzes (in der Bundesrepublik Deutschland) zu benutzen und dadurch Verwechslungsgefahr zu schaffen [§ 14 MarkenG]. Die Marke wird in das Markenregister, das beim Patentamt geführt wird, eingetragen.

> **Beispiele:**
>
> Coca-Cola, Nivea, „Mercedesstern", Milka, Siemens.

Wer bereits eine nationale (deutsche) Marke besitzt, kann diese im Ausland unter Einschluss aller derzeitigen EU-Mitgliedsstaaten als **internationale IR-Marke** schützen lassen. Ein neu entworfenes Kennzeichen kann auch direkt als **Gemeinschaftsmarke** angemeldet werden. Die Gemeinschaftsmarke ist ab dem Tag der Anmeldung 10 Jahre geschützt und kann auf Antrag beliebig oft um jeweils weitere 10 Jahre verlängert werden.

Gütezeichen

Im Unterschied zur Marke, die die Ware eines einzelnen Lieferers bzw. das Erzeugnis eines einzelnen Herstellers kennzeichnet, werden Gütezeichen von **mehreren Lieferern** (bzw. Herstellern) **gleichartiger Waren** aufgrund freiwilliger Vereinbarung **gemeinschaftlich** geschaffen und geführt (**Kollektivmarken** [§ 97 MarkenG]).

Das Gütezeichenrecht richtet sich nach den Bestimmungen des jeweiligen Erzeuger- oder Händlerverbands, der das Gütezeichen geschaffen hat.

Die Zeichenunterlagen und Gütebedingungen werden vom **RAL Deutsches Institut für Gütesicherung und Kennzeichnung e.V.** geprüft und in die „**RAL-Gütezeichenliste**" eingetragen.

> **Beispiele:**
>
> Rein Leinen, Wollsiegel, M (für Möbel), Euro-Blume, Blauer Umweltengel, ISO 9000:2008 ff.[1]

---

1 Vgl. hierzu S. 134 ff.

Zusammenfassung

- Unter **Produkten** werden sowohl Sachgüter als auch Dienstleistungen verstanden.
- Der Ablauf der Produktplanung und der Produktentwicklung sind aus der nachfolgenden Tabelle zu entnehmen.[1]

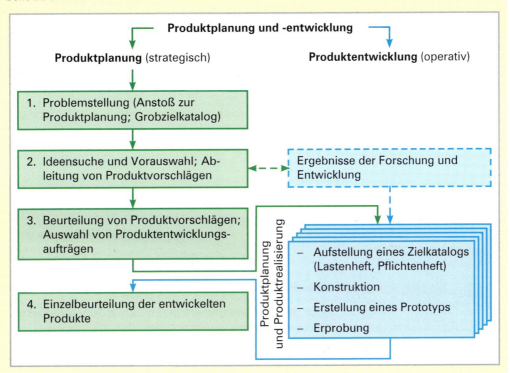

- Die **Aufgabe** von **Forschung** und **Entwicklung** ist es, systematisch nach neuem Wissen und nach neuen Erkenntnissen zu suchen. In einem Industriebetrieb bedeutet dies, neue Produkte zu entwickeln bzw. bestehende kontinuierlich zu verbessern.
- Im Mittelpunkt der **Produktentwicklung** steht die **Konstruktion**.
- Mit zunehmendem Fortschritt in der Produktentwicklung
    - steigen die Kosten für Konstruktionsänderungen,
    - sinkt die Gestaltungsfreiheit des Konstrukteurs.
- Festlegungen im Rahmen der Konstruktion haben auf die nachfolgenden Phasen des Lebenszyklus der Produkte erhebliche **Konsequenzen in Bezug auf die Kosten,** insbesondere auf die Kosten der Herstellung, der Reparatur und der Entsorgung.
- Die Anforderungen an das Produkt werden im Lasten- und Pflichtenheft festgehalten.
    - Das **Lastenheft** beschreibt die Anforderungen aus der **Sicht des Kunden** und klärt, **was** und **wofür** etwas verlangt wird.
    - Im **Pflichtenheft** beschreibt der **Auftragnehmer, wie** und **womit** er die im Lastenheft formulierten Anforderungen erfüllen will.

---

1 Nach: Hahn, D./Laßmann, G: Produktionswirtschaft, 2. Aufl., Heidelberg 1999, S. 213.

> **Übungsaufgaben**

1
1. Betrachten Sie die Abbildung auf S. 7 und beschreiben Sie anhand von zwei eigenen Beispielen die Schnittstellen zwischen dem Kernprozess „Leistung erstellen" und den anderen Prozessen!
2. Für Forschung und Entwicklung werden erhebliche Mittel aufgewendet.

   Aufgaben:

   2.1 Unterscheiden Sie die Begriffe Forschung und Entwicklung!

   2.2 Begründen Sie die Notwendigkeit von Forschung und Entwicklung aus der Sicht eines Industriebetriebs!

2
1. Beschreiben Sie, weshalb der Konstruktion ein besonderes Maß an Kostenverantwortung zukommt!
2. Veranschaulichen Sie grafisch das Problem des Konstrukteurs mit fortschreitender Produktentwicklung zwischen steigenden Kosten und sinkender Gestaltungsfreiheit!
3. Zeigen Sie auf, in welcher Weise nachfolgende Lebensphasen eines Produkts bereits im Rahmen der Konstruktion berücksichtigt werden müssen!

2.2.4 Konstruktionsprozesse und die Erstellung von Produktdokumenten

2.2.4.1 Ziel der Produktdokumentation

Die Schaffung der Produktdokumente hat das Ziel, das Erzeugnis in seinem **strukturellen Aufbau** (seinen Komponenten) darzustellen. Die Darstellung erfolgt entweder grafisch oder in Tabellen.

Die Fragestellung heißt: Aus welchen Komponenten (Einzelteilen, Baugruppen) besteht das Erzeugnis und wie lässt sich der Aufbau des Erzeugnisses stufenweise gliedern? Über jedes Erzeugnis wird zunächst eine **Konstruktionszeichnung** angefertigt, die das Erzeugnis grafisch darstellt. Aus der Konstruktionszeichnung wird anschließend ein **grafischer Baum** erstellt, der den logischen Aufbau der Erzeugnisse aus Baugruppen und Einzelteilen ausweist. Auf der Basis der Konstruktionszeichnung erstellt der Konstrukteur **Stücklisten**. Stücklisten sind Verzeichnisse der in den Zeichnungen enthaltenen Teile. Da die Stücklisten keine Auskunft darüber geben, auf welche Weise das Erzeugnis zusammengesetzt wird, ist noch ein **Arbeitsplan** zu erstellen.

2.2.4.2 Konstruktionszeichnung

Die Konstruktionszeichnung ist eine grafische Darstellung des Erzeugnisses. Sie zeigt die Lage der Teile zueinander, ihre Funktion, die Maße, evtl. Leistungen, Toleranzen in der Oberflächenbeschaffenheit und Normen. Dargestellt wird in der Regel eine Vorder-, Seiten- und Draufsicht. Damit erhält der Benutzer eine Vorstellung über die räumliche Gestalt des Produkts. Weiterentwicklungen im CAD-Bereich erlauben 3-D-Darstellungen, Farbe,

Licht- und Schatteneffekte, Zoom-Einstellungen, Drehungen um jede beliebige Achse. Mithilfe spezieller Verfahren können Berechnungen durchgeführt werden, z.B. das Biegeverhalten von Trägern, das Crash-Verhalten von Karosserien. Auf diese Weise lässt sich durch Simulation am Computer das Verhalten des Endprodukts vorausberechnen. Das erspart kostspielige Versuche mit Testmodellen und verkürzt die Entwicklungszeit.

In der Phase der Konstruktion werden die Herstellkosten des Produkts weitestgehend bestimmt, d.h., durch die konstruktionsbedingte Festlegung des Erzeugnisses entscheidet der Konstrukteur auch über die Materialart, den logischen Aufbau des Erzeugnisses, seine Kombinationsfähigkeit mit anderen Produkten im Rahmen eines Baukastensystems.

Beispiel:

Im Folgenden stellen wir ein Erzeugnis der Weber Metallbau GmbH vor. Die Weber Metallbau GmbH hat sich auf den Bereich der Bautechnik spezialisiert, insbesondere auf die Herstellung von Brandschutztüren, Fassadenbau, Geländer- und Treppenbau. Sie führt in einem Nebenprogramm auch Arbeitstische. Die nachfolgenden Konstruktionszeichnungen sind Beispiele für Gesamtzeichnung, Baugruppenzeichnung und Einzelteilzeichnung zum Arbeitstisch T160 (Grafischer Baum siehe S. 20).

Gesamtzeichnung des Arbeitstisches T160

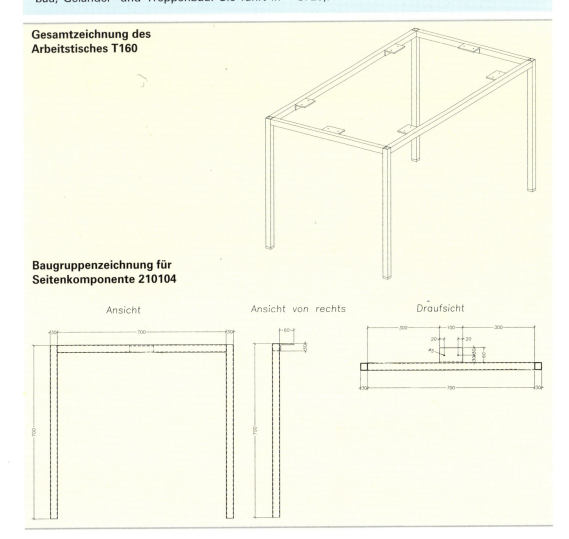

Baugruppenzeichnung für Seitenkomponente 210104

Ansicht — Ansicht von rechts — Draufsicht

2.2.4.3 Grafischer Baum (Erzeugnisstruktur)

Er ist eine grafische Darstellung des Erzeugnisses, wobei nicht die Form des Erzeugnisses im Vordergrund steht, sondern der logische Aufbau des Erzeugnisses aus Baugruppen und Einzelteilen.

Für den Arbeitstisch T160 wurde vom Konstrukteur folgender **struktureller Aufbau** festgelegt:

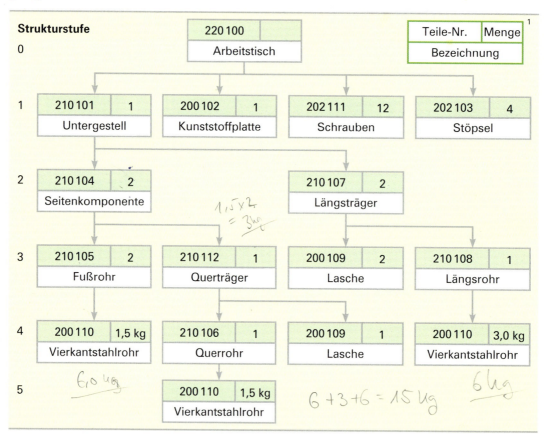

Beschreibung der Erzeugnisstruktur:

In der Endmontage auf der Strukturstufe 1 werden für den Zusammenbau des Arbeitstisches ein Untergestell, eine Kunststoffplatte, 12 Schrauben und 4 Stöpsel benötigt. Das Untergestell wiederum setzt sich aus jeweils 2 Seitenkomponenten und 2 Längsträgern zusammen. Denkbar ist auch die Bildung von anderen Baugruppen, z.B. die Verbindung von 2 Längsträgern (in diesem Fall bestehend aus 2 Fußrohren und dem Längsrohr) und einem Querträger. Die jetzige Strategie erlaubt es jedoch, mehrere Varianten dieses Grunderzeugnisses kostengünstiger herzustellen, z.B. quadratische Tische oder Tische in Trapezform. Die Mengenangaben beziehen sich auf jeweils **eine Einheit** der übergeordneten Komponente, dies bedeutet z.B., **ein Untergestell** (übergeordnete Komponente) besteht aus zwei Seitenkomponenten und jeweils **eine Seitenkomponente** (als übergeordnete Komponente) besteht wiederum aus zwei Fußrohren.

---
1 Vgl. hierzu die Ausführungen auf S. 21.

2.2.4.4 Stücklisten

2.2.4.4.1 Begriff und Aufbau von Stücklisten

(1) Begriff

Auf Basis der Konstruktionszeichnung erstellt der Konstrukteur Stücklisten.

> **Merke:**
>
> **Stücklisten** sind Verzeichnisse der in den Zeichnungen enthaltenen Teile.

(2) Aufbau

Eine Stückliste hat folgenden grundsätzlichen Aufbau:

Teile-Nummer	210104	
Bezeichnung	Seitenkomponente	

Kopfteil mit Angaben zu dem Erzeugnis, das zergliedert wird.

Teile-Nummer	Bezeichnung	Menge
210112	Querträger	1
210105	Fußrohr	2

Tabellenteil mit Angaben zu den Komponenten, die im Erzeugnis des Kopfteils enthalten sind.

Die Zusammenstellung aller Baugruppen, Einzelteile und Werkstoffe eines Produkts bezeichnet man als **Konstruktionsstückliste** (Basisstückliste, Gesamtstückliste). Aus der Konstruktionsstückliste werden je nach Aufgabenstellung verschiedene andere Stücklistentypen abgeleitet.

2.2.4.4.2 Arten von Stücklisten

(1) Gliederung der Stücklisten nach dem Verwendungszweck

Die nachfolgende Übersicht zeigt beispielhaft auf, wie Stücklisten verwendet werden können.

Wer verwendet Stücklisten?	Wofür werden Stücklisten verwendet?
Materialdisposition	Kundenaufträge beziehen sich in ihren Mengenangaben auf Enderzeugnisse. Um den Bedarf nachgeordneter Komponenten zu berechnen, muss die Auftragsmenge über alle Stücklistenstufen heruntergerechnet werden. (Siehe Bedarfsermittlung, S. 76 ff.)
Lager	Bereitstellung des Materials für die Produktion.
Einkauf	Bedarfsermittlung der Fremdteile.
Ersatzteilwesen	Grundlage für Ersatzteilhaltung.
Kalkulation	Vorkalkulation.

Aus der Beantwortung der Frage, wofür Stücklisten von den jeweiligen Stellen verwendet werden, ergeben sich mehrere Formen von Stücklisten. Diese unterscheiden sich im Wesentlichen dadurch, dass sie unterschiedliche Zusatzinformationen aus der Teilestammdatei enthalten. So enthält z. B. die **Dispositionsstückliste** die Lagerorte, die **Kalkulationsstückliste** zusätzlich die Preise. Stücklisten, die sich am Verwendungszweck ausrichten, bezeichnet man auch als **Arbeitsstücklisten.**

(2) Gliederung der Stücklisten nach dem Aufbau der Stückliste

Nach dem Aufbau der Stückliste untergliedert man in Mengenübersichtsstücklisten und in Strukturstücklisten.

■ **Mengenübersichtsstücklisten**[1]

Sie weisen alle Baugruppen und Einzelteile auf, die direkt oder indirekt in das Produkt eingehen. Sie sind nicht auf Fertigungsstufen ausgerichtet und sind deshalb nicht dafür geeignet, einzelne Produktionsaufträge zu planen.

Innerhalb einer Erzeugnisstruktur kann eine Komponente mehrfach an unterschiedlichen Positionen vorkommen. In der Mengenübersichtsstückliste wird jedoch jede Komponente nur ein Mal mit ihrer kumulierten Menge aufgeführt. Sie ist daher sinnvoll bei Erzeugnissen mit einfacher Struktur, zur Vorkalkulation oder zur Materialbereitstellung. Sie gibt aber keine Auskunft über den logischen Aufbau des Erzeugnisses.

Beispiel:		
Mengenübersichtsstückliste		
Teile-Nr. **Bezeichnung**	**220 100** **Arbeitstisch**	
Teile-Nr.	**Bezeichnung**	**Menge**
210 101	Untergestell	1
200 102	Kunststoffplatte	1
202 103	Stöpsel	4
210 104	Seitenkomponente	2
210 105	Fußrohr	4
210 106	Querrohr	2
210 107	Längsträger	2
210 108	Längsrohr	2
200 109	Lasche	6
200 110	Vierkantstahlrohr	15
202 111	Schrauben	12
210 112	Querträger	2

■ **Strukturstücklisten**

Strukturstücklisten[1] richten sich an den konstruktiv zusammengehörenden Baugruppen aus. Eine wichtige Strukturstückliste ist die **Baukastenstückliste.**[2]

Strukturstücklisten zeigen die Aufgliederung von Produkten nach konstruktiv zusammengehörenden Baugruppen. Sie verbinden damit den Vorteil der Erzeugnisstruktur, Auskunft zu geben über den strukturellen Aufbau des Gesamterzeugnisses mit dem Vorteil der tabellenartigen Darstellung einer Stückliste. Alle Mengenangaben beziehen sich auf das im Kopfteil angegebene Erzeugnis.

---

1 Mengenübersichts- bzw. Strukturstücklisten bezeichnet man auch als **Aufbaustücklisten.**
2 Vgl. Ausführungen auf S. 23.

Bezogen auf den Arbeitstisch ergibt sich damit folgende Strukturstückliste:

Strukturstückliste							
Teile-Nr. Bezeichnung	220 100 Arbeitstisch						
Dispositionsstufe¹					Teile-Nr.	Bezeichnung	Menge
1	2	3	4	5			
x					210 101	Untergestell	1
	x				210 104	Seitenkomponente	2
		x			210 105	Fußrohr	4
			x		200 110	Vierkantstahlrohr	6
		x			210 112	Querträger	2
			x		210 106	Querrohr	2
				x	200 110	Vierkantstahlrohr	3
			x		200 109	Lasche	2
		x			210 107	Längsträger	2
			x		200 109	Lasche	4
			x		210 108	Längsrohr	2
				x	200 110	Vierkantstahlrohr	6
x					200 102	Kunststoffplatte	1
x					202 111	Schrauben	12
x					202 103	Stöpsel	4

Bei der Umsetzung der Erzeugnisstruktur in die Strukturstückliste empfiehlt es sich dringend, eine bestimmte Ablaufstrategie einzuhalten. Die Arbeitsanweisung könnte wie folgt lauten:

[1] Gehe in der Erzeugnisstruktur in die nächsttiefere Ebene.

[2] Trage die Strukturstufe in die Stückliste ein, hier durch ein „x". Trage Teilenummer und Teilebezeichnung ein. Ermittle die Menge durch Multiplikation der Strukturmengen aller übergeordneten Positionen mit der Mengenangabe der aktuellen Position (am Beispiel Fußrohr also: 1 x 2 x 2 = 4).

[3] Hat diese Position eine tiefere Ebene? Wenn ja, gehe weiter bei [1]. Wenn nein, dann:

[4] Hat diese Position einen Nachbarn auf derselben Ebene? Wenn ja, dann gehe zu [2]. Wenn nein, dann gehe so weit nach oben, bis ein noch **nicht** abgearbeiteter Nachbar kommt, dann weiter mit [2].

2.2.4.4.3 Baukastenstücklisten

(1) Baukastenstückliste als Datenbasis aller Stücklisten und Verwendungsnachweise

Baukastenstücklisten sind die Grundlage der Datenspeicherung über Stücklisten. Die Datenbanktabelle enthält je Datensatz folgende Attribute:[2] Oberkomponente, Unterkom-

---
1 Siehe S. 20.
2 Attribut (lat.): Beifügung, Eigenschaft, Kennzeichen.

ponente, Menge. Bezogen auf das Beispiel Seitenkomponente Nr. 210104 (vgl. S. 19) könnte der betreffende Auszug aus der Datenbank wie folgt aussehen:

Oberkomponente WAS?	Unterkomponente WORAUS?	Menge WIE VIEL?
...	...	...
210104	210112	1
210104	210105	2
...	...	...

Alle anderen Stücklistenarten und Teileverwendungsnachweise werden im Moment ihres Bedarfs aus der Baukastenstückliste erstellt und für den Benutzer am Bildschirm angezeigt bzw. gedruckt. Es werden aber in der Regel **keine weiteren eigenständigen Listen** verwaltet.

(2) Baukastenstückliste aus der Sicht des Benutzers

Bei der Baukastenstückliste wird die Gesamtstruktur zerlegt in lauter einstufige Strukturen. Die Baukastenstückliste bezieht sich jeweils nur auf eine Mengeneinheit des übergeordneten Erzeugnisses und zeigt deren Auflösung auf die nächsttiefere Ebene. Wiederholbaugruppen werden nur einmal als Stückliste hergestellt und gespeichert.

> **Beispiel:**
>
> Die nachfolgende Abbildung zeigt einen Auszug aus dem grafischen Baum des Arbeitstisches. Die Gesamtstruktur wird in lauter einstufige Strukturen zerlegt, die aus der übergeordneten Komponente und den Komponenten der jeweils unmittelbar tiefer liegenden Ebene bestehen.

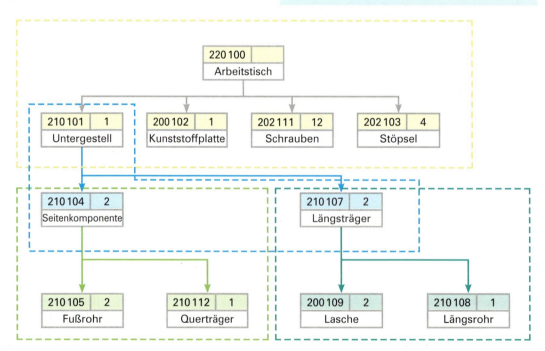

Damit leiten sich die nachfolgenden Baukastenstücklisten ab:

Baukastenstückliste		
Teile-Nr. 220 100		
Bezeichnung Arbeitstisch		
Teile-Nr.	Bezeichnung	Menge
210 101	Untergestell	1
200 102	Kunststoffplatte	1
202 111	Schrauben	12
202 103	Stöpsel	4

Baukastenstückliste		
Teile-Nr. 210 101		
Bezeichnung Untergestell		
Teile-Nr.	Bezeichnung	Menge
210 104	Seitenkomponente	2
210 107	Längsträger	2

Baukastenstückliste		
Teile-Nr. 210 104		
Bezeichnung Seitenkomponente		
Teile-Nr.	Bezeichnung	Menge
210 105	Fußrohr	2
210 112	Querträger	1

Baukastenstückliste		
Teile-Nr. 210 107		
Bezeichnung Längsträger		
Teile-Nr.	Bezeichnung	Menge
200 109	Lasche	2
210 108	Längsrohr	1

Der **Vorteil** von Baukastenstücklisten besteht darin, dass die Zusammensetzung von mehrfach verwendeten Baugruppen nur einmal dargestellt werden muss und dass der Änderungsaufwand minimiert wird. **Nachteilig** an Baukastenstücklisten ist, dass der Gesamtaufbau des Produkts nicht unmittelbar ersichtlich ist, sondern erst durch das Zusammenfügen aller Baukastenstücklisten erkennbar wird. Allerdings ist dieser Nachteil in heutiger Zeit unerheblich, da das Zusammenfügen zu einer Gesamtstruktur unter Verwaltung eines Produktionsplanungs- und -steuerungssystems direkt am Bildschirm geschieht.

2.2.4.5 Basisarbeitsplan

Aus der Stückliste ist lediglich zu erkennen, aus welchen Komponenten sich ein Erzeugnis zusammensetzt. Sie gibt aber keine Auskunft darüber, **wie** das Erzeugnis zusammengebaut wird. Diesen Mangel überwindet der **Arbeitsplan**. Der **Basisarbeitsplan** ist die auftragsneutrale Version des Arbeitsplans, da sich seine Daten auf die fiktive (angenommene) Herstellung von **einem Erzeugnis** beziehen.

Liegt ein Kundenauftrag vor, werden die dort angegebenen Ausführungszeiten mit den Auftragsmengen multipliziert. Auf diese Weise entsteht der **Auftragsarbeitsplan.**

Die Konstruktionszeichnung und die Stückliste liefern dabei die Ausgangsdaten für den Arbeitsplan. Aus der Konstruktionszeichnung entnimmt der Planer die Angaben über die geometrische Form des Teils, über dessen Maß- und Toleranzangaben sowie über Oberflächeneigenschaften. Aus der Stückliste gewinnt er Aussagen darüber, welche Teile und

Baugruppen für den Zusammenbau benötigt werden. Darüber hinaus sind bei der Arbeitsplanerstellung noch zusätzliche Betriebsdaten heranzuziehen, z.B. Informationen über die einzusetzenden Maschinen, die Werkzeuge, Vorrichtungen, Messwerkzeuge, Prüfmittel und die Vorgabezeiten.

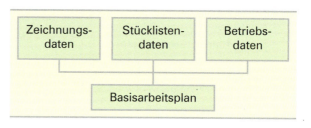

Ein Basisarbeitsplan am Muster des Untergestells hat folgenden grundsätzlichen Aufbau:

Basisarbeitsplan								
Arbeitsplan-Nr. 210101					**Arbeitsplanvariante:** 1/25			
Bezeichnung Untergestell					**Gültig ab:** 140			
					Stückzahlbereich: 1 – 100			
AVO	A-Platz	Text	LA	LG	Rüstzeit	Stückzeit	Belegungszeit	Übergangszeit
10	Schweißerei	Schweißen	EA	7	10	6	16	960
20	Oberflächenbehandlung	Sandstrahlen	EA	7	5	5	10	960
30	Oberflächenbehandlung	Pulverbeschichten	EA	7	15	2	17	960

Erklärung für die einzelnen Inhalte:

Arbeitsplan-Nr.	Es macht Sinn, die Teilenummer für das konstruierte Teil auch als Nummer des zugehörigen Arbeitsplans und der zugehörigen Stückliste zu verwenden. Die Nummer 210101 identifiziert also sowohl das Untergestell als auch die daran geknüpfte Stückliste und den Arbeitsplan.
Arbeitsplanvariante	Der oben abgebildete Basisarbeitsplan hat Gültigkeit für einen Stückzahlbereich zwischen 1 und 100, also für kleinere Serien. Werden mittlere oder größere Serien aufgelegt, ist damit u.U. eine andere Fertigungsorganisation verbunden, z.B. durch Verwendung von Maschinen mit einem höheren Automatisierungsgrad. In diesem Fall kommt eine andere Variante des Arbeitsplans zum Zug.
Gültig ab	Gibt den Fabrikkalendertag an, ab welchem der Arbeitsplan Gültigkeit hat.
Stückzahlbereich	Siehe unter Arbeitsplanvariante.
AVO	Nr. des **A**rbeits**vo**rgangs. Die einzelnen Schritte des Arbeitsablaufs werden nummeriert, in diesem Fall durch 10er-Schritte, damit nachträglich noch weitere Arbeitsgänge dazwischen geschoben werden können.
A-Platz	Der **A**rbeits**platz** innerhalb des Betriebs, an welchem dieser Arbeitsgang durchgeführt wird.
LA	**L**ohn**a**rt, die an diesem Arbeitsplatz bezahlt wird, hier Einzelakkord. Andere Formen sind z.B. Gruppenakkord oder Zeitlohn.
LG	**L**ohn**g**ruppe, nach welcher der betreffende Arbeitsgang vergütet wird.
Rüstzeit	Zeitbedarf zur Vorbereitung des Arbeitsgangs. Sie ist unabhängig von der Losgröße und fällt in der Regel einmal an.

Stückzeit	Zeitbedarf für die Herstellung des Werkstücks. Beim Basisarbeitsplan ist es die fiktive Zeit zur Herstellung **eines Stücks**. Beim Auftragsarbeitsplan wird die Stückzeit mit der Anzahl der herzustellenden Erzeugnisse multipliziert.
Belegungszeit	Summe aus Rüstzeit und Stückzeit.
Übergangszeit	Das ist die durchschnittliche Zeit, die zwischen zwei aufeinanderfolgenden Arbeitsgängen vergeht. Sie ist die Summe aus folgenden Zeiten: – Liegen **nach** der Bearbeitung, – Transportzeit **zwischen** den Bearbeitungsstationen und – Zeit für das Liegen **vor** der nächsten Bearbeitung.

Für einen Sachbearbeiter kann die grafische Benutzeroberfläche eines Arbeitsplans für ein anderes Untergestell eines Tisches in einer integrierten Unternehmenssoftware (hier: „Microsoft Dynamics NAV 4.0®") zum Beispiel wie folgt aussehen:

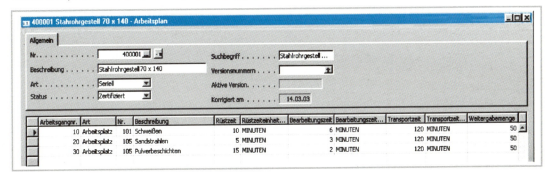

2.2.4.6 Teileverwendungsnachweis

Während die Betrachtungsweise der **Stückliste** analytischen Charakter hat, von oben nach unten gerichtet ist und die Frage klärt **„Aus welchen Komponenten und in welcher Menge besteht das betrachtete Erzeugnis?"**, dreht sich die Betrachtungsweise beim Teileverwendungsnachweis um **(Bottom-Up)**. Die Fragestellung beim Teileverwendungsnachweis lautet jetzt: **„In welchen Teilen, Baugruppen oder Erzeugnissen wird die gerade betrachtete Komponente eingebaut?"** Diese Information ist zum Beispiel in folgender betrieblichen Situation sehr nützlich: Die Zulieferung für ein Fremdteil gerät ins Stocken. Wenn wir wissen wollen, welche Aufträge davon betroffen sind, müssen wir klären, in welche Komponente dasjenige Teil eingebaut ist, mit dem wir gerade Beschaffungsprobleme haben. Genau darüber gibt der Teileverwendungsnachweis Auskunft.

Analog zu den Stücklisten unterscheidet man

- **Baukastenteileverwendungsnachweis,**
- **Strukturteileverwendungsnachweis** und
- **Mengenübersichtsteileverwendungsnachweis.**

Beispiel:

Der **Strukturteileverwendungsnachweis** für die **Lasche** (siehe S. 20) sieht wie folgt aus:

Strukturteileverwendungsnachweis							
Teile-Nr. 200 109 **Bezeichnung** Lasche							
Dispositionsstufe					**Teile-Nr.**	**Bezeichnung**	**Menge**
1	**2**	**3**	**4**	**5**			
x					210 112	Querträger	1
	x				210 104	Seitenkomponente	1
		x			210 101	Untergestell	2
			x		220 100	Arbeitstisch	2
x					210 107	Längsträger	2
	x				210 101	Untergestell	4
			x		220 100	Arbeitstisch	4

Erläuterung:

Alle Mengenangaben der letzten Spalte beziehen sich immer auf die Lasche. Sie geht unmittelbar (Dispositionsstufe 1) mit der Menge 1 in den Querträger ein. Diesem ist wiederum direkt die Seitenkomponente übergeordnet. Da die Seitenkomponente einen Querträger beinhaltet, ist auch die Lasche (1 x 1 = 1) nur mit der Menge 1 in der Seitenkomponente enthalten. Das Untergestell wiederum besteht aus 2 Seitenkomponenten, damit ist die Lasche (1 x 1 x 2 = 2) mit der Menge 2 im Untergestell enthalten. Entsprechendes gilt für den Arbeitstisch.

Andererseits ist die Lasche aber auch unmittelbar (Dispositionsstufe 1) in dem Längsträger mit der Menge 2 enthalten, diese wiederum mit der Menge 2 im Untergestell. Also ist die Lasche im Untergestell mit der Menge 4 enthalten.

Zusammenfassung

- Zu den **Dokumenten** im Rahmen der **Produktentstehung** gehören die **Konstruktionszeichnung**, der **grafische Baum**, die **Stückliste**, der **Arbeitsplan** und die **NC-Programme**.

- Die **Konstruktionszeichnung** ist eine **grafische Darstellung** des Erzeugnisses. Sie zeigt die Lage der Teile zueinander, ihre Funktion, die Maße, evtl. Leistungen, Toleranzen in der Oberflächenbeschaffenheit und Normen. Dargestellt wird in der Regel eine Vorder-, Seiten- und Draufsicht.

- Der **grafische Baum** (Erzeugnisstruktur) ist eine **grafische Darstellung** des Erzeugnisses, wobei nicht die Form des Erzeugnisses im Vordergrund steht, sondern der **logische Aufbau** des Erzeugnisses aus Baugruppen und Einzelteilen.

- Die **Stückliste** ist die **tabellarische Darstellung** und beantwortet die Frage: „Aus welchen Komponenten besteht das Erzeugnis?" Die Blickrichtung ist also analytisch.[1]

- Die **Strukturstückliste** gibt Auskunft über den strukturellen Aufbau des Erzeugnisses. Alle Mengenangaben beziehen sich auf das im Kopfteil angegebene Erzeugnis.

---

[1] Analytik: Zerlegungslehre. Analytisch: zerlegend, entwickelnd.

Rüstzeit: Zeit zur Vorbereitung des Arbeitsgangs
- unabhängig von d. Losgröße u. Teillt
- i. d. R. einmal an

* **Vorteile v. Bawk.:** mehrfach verwendete Baugruppen nur 1x darstellen
Nachteil -//-: Gesamtaufbau unmittelbar ersichtlich, erst wenn man es zusammen fügt => jedoch unerheblich System im PC

- In der **Mengenübersichtsstückliste** wird jede Komponente nur ein Mal mit ihrer **kumulierten Menge** aufgeführt.

- Bei der **Baukastenstückliste** wird die Gesamtstruktur in **lauter einstufige Strukturen** zerlegt. Die Mengenangaben beziehen sich jeweils nur auf eine Mengeneinheit des übergeordneten Erzeugnisses. Von Wiederholbaugruppen wird nur eine Stückliste erzeugt. *

- Der **Basisarbeitsplan** ist die auftragsneutrale Version des Arbeitsplans. Seine Daten beziehen sich auf die fiktive Herstellung einer Einheit eines Erzeugnisses. Er gibt darüber Auskunft
    - in welcher Reihenfolge,
    - an welchem Ort,
    - welche Tätigkeit,
    - bei welcher Vergütung (Lohngruppe) und
    - in welcher Zeit

    durchgeführt wird.

- Beim **Teileverwendungsnachweis** wird die analytische Betrachtungsweise der Stückliste umgekehrt. Die Frage heißt jetzt: „In welchen Teilen, Baugruppen oder Erzeugnissen wird die gerade betrachtete Komponente eingebaut?"

Übungsaufgabe

3 Zum Produktionsprogramm der Weber Metallbau GmbH gehört auch ein höhenverstellbarer Montagebock, wie er in unten stehender Abbildung zu erkennen ist. Vom zuständigen Konstrukteur wurde die nachfolgende Erzeugnisstruktur gefertigt.

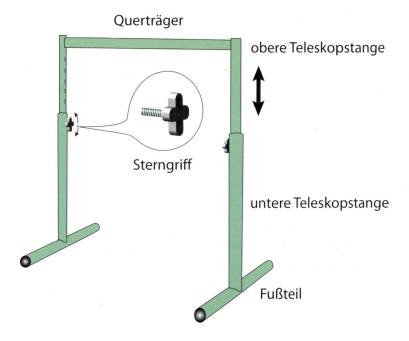

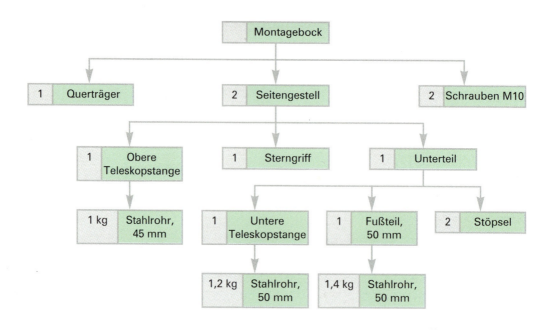

Aufgaben:

1. Erläutern Sie, worüber eine Erzeugnisstruktur Auskunft gibt!
2. Erstellen Sie
   2.1 alle Baukastenstücklisten,
   2.2 die Strukturstückliste für den Montagebock und
   2.3 die Mengenübersichtsstückliste für den Montagebock!
3. Unterscheiden Sie die Mengenübersichtsstückliste von der Strukturstückliste!
4. Der Lieferant für Stahlrohr hat Kapazitätsengpässe. Wir möchten wissen, in welchen Komponenten das Stahlrohr 50 mm verwendet wird. Erstellen Sie hierfür den Strukturteileverwendungsnachweis!
5. Um das Unterteil zu fertigen, muss ein Fußteil mit einer unteren Teleskopstange verschweißt werden. Hierfür sind mehrere Arbeitsgänge erforderlich, deren Arbeitsgangdaten in einem Arbeitsplan festgehalten sind.
   5.1 Entwerfen Sie skizzenhaft das Muster für einen Arbeitsplan!
   5.2 Nennen Sie die wichtigsten Arbeitsgangdaten, die in einem solchen Arbeitsplan enthalten sind!
   5.3 Stellen Sie dar, woher die Daten stammen, die in einem Arbeitsplan zusammengetragen werden!

2.2.5 Planung des Produktionsprogramms

2.2.5.1 Begriffe Produktprogramm und Produktionsprogramm

Zu den strategisch bedeutsamen Festlegungen eines Industriebetriebs gehört die Entscheidung über die Zusammensetzung des Produktprogramms.[1]

> **Merke:**
>
> Im **Produktprogramm** sind Art und Menge der Produkte festgelegt, die ein Unternehmen anbietet.

Die Gestaltung des Produktprogramms kann unter strategischen oder operativen Gesichtspunkten betrachtet werden.

- Im Rahmen der **strategischen Produktprogrammplanung** wird der **Produktprogrammrahmen** hinsichtlich Art und Menge der herzustellenden Produkte festgelegt.

- Im Rahmen der **operativen Produktprogrammplanung** wird das **Produktionsprogramm (Fertigungsprogramm)**[2] bestimmt. Es legt konkret die Art und Menge der in den nächsten kurzfristigen Perioden zu produzierenden Produkte fest. Die operative Produktprogrammplanung wird in der Praxis meist als Jahres-, Quartals- und Monatsplanung durchgeführt. Häufig erfolgt die Monatsprogrammplanung zusammen mit dem Planungsprozess für die Leistungserstellung, der die Grundlage für die Produktionsprozesssteuerung ist.

> **Merke:**
>
> - Die **strategische Produktprogrammplanung** schafft den **Produktprogrammrahmen**.
>
> - Die **operative Produktprogrammplanung** legt das **Produktionsprogramm** für eine gegebene Planungsperiode Art, Menge und Zeitpunkt der herzustellenden Produkte fest. Das Produktionsprogramm schafft die Basis für die weitere Planung, Steuerung und Kontrolle des Produktionsprozesses.

2.2.5.2 Arten des Produktionsprogramms

Betrachtet man das Produktionsprogramm unter den Aspekten Breite und Tiefe, dann kann einerseits zwischen einem breiten und schmalen Produktionsprogramm und andererseits zwischen einer hohen und einer geringen Produktionstiefe unterschieden werden.

---

[1] Auf die Entwicklung, den Aufbau und die Zusammensetzung des Produktprogramms wird im Folgenden nicht eingegangen.
[2] Die Begriffe Produktionsprogramm und Fertigungsprogramm werden im Folgenden synonym verwendet.

(1) Gliederung des Produktionsprogramms unter dem Gesichtspunkt der Programmbreite (Fertigungsbreite)

Art des Produktionsprogramms	Erläuterungen	Beispiele
Breites Produktionsprogramm	Es werden viele Produktarten, Sorten und Qualitäten hergestellt.	Eine Möbelfabrik stellt Küchenmöbel, Arbeits-, Wohn- und Schlafzimmer her.
Schmales Produktionsprogramm	Es wird nur ein Produkt oder nur wenige Produktarten hergestellt. Die Verringerung der Produktbreite bezeichnet man auch als Spezialisierung.	Eine Möbelfabrik spezialisiert sich auf die Herstellung von Einbauküchen.

(2) Gliederung des Produktionsprogramms unter dem Gesichtspunkt der Programmtiefe (Fertigungstiefe)

■ **Hohe Produktionstiefe**

Dies bedeutet, dass das Unternehmen im eigenen Haus einen hohen Grad der Wertschöpfung erzielt. Dies kommt dadurch zustande, dass auf der Beschaffungsseite überwiegend Rohstoffe (z. B. Walzblech, Stangenmaterial an Eisen unterschiedlicher Breite und Länge, Kunststoffgranulat usw.) beschafft werden. Dieser Rohstoff wird zunächst zu Einzelteilen (z. B. Tischbeine), dann zu Baukastenkomponenten und letztlich zu Enderzeugnissen verarbeitet.

Eine hohe Produktionstiefe verbindet sich mit folgenden Rahmenbedingungen:

- ■ Das erfolgsspezifische Know-how bleibt überwiegend im eigenen Unternehmen.
- ■ Hohes Maß an Fixkostenbelastung, weil für alle Produktionsschritte Menschen, Maschinen und Räume vorhanden sein müssen.
- ■ Geringes Maß an Flexibilität in Bezug auf veränderte Marktanforderungen.

■ **Geringe Produktionstiefe**

Dies bedeutet, dass im eigenen Haus nur ein geringer Grad der Wertschöpfung erzielt wird. Ein Großteil der Produktion und Entwicklung findet bereits beim Lieferanten statt und wird als komplette Systemkomponente (z. B. vollständiges Auspuffsystem mit Katalysator, Getriebe usw.) in das Enderzeugnis eingebaut.

Eine geringe Produktionstiefe verbindet sich mit folgenden Rahmenbedingungen:

- ■ Das erfolgsspezifische Know-how muss mit dem Lieferer geteilt werden. Entsprechende Rahmenvereinbarungen schützen das Unternehmen vor Missbrauch.
- ■ Weniger fixe Kosten, da ein Großteil der Produktionsschritte entfällt und – salopp ausgedrückt – nicht mehr produziert, sondern vielmehr nur noch montiert wird.
- ■ Hohes Maß an Flexibilität in Bezug auf veränderte Marktanforderungen, da der Lieferer einen Teil des Fixkostenrisikos trägt und es leichter ist, einen anderen Lieferer zu gewinnen als auf eine vorhandene Fertigungsausstattung umzustellen.

2.2.5.3 Bestimmungsfaktoren zur Planung des Produktionsprogramms

Bestimmungsfaktoren für die Planung des Produktionsprogramms sind zum einen absatzwirtschaftliche und zum anderen produktionswirtschaftliche Überlegungen.

(1) Absatzwirtschaftliche Bestimmungsfaktoren

Bei dem derzeit vorherrschenden Käufermarkt verhalten sich die Kunden in aller Regel passiv, d. h., sie warten auf die Angebote der Verkäufer. Die Hersteller sind daher gezwungen, festzustellen, woran Bedarf herrscht und inwieweit unbewusst vorhandene Bedürfnisse vorliegen und geweckt werden können.

(2) Produktionswirtschaftliche Bestimmungsfaktoren

Ein Betrieb, der sehr viele Produktarten herstellt, arbeitet in der Regel mit hohen Kosten, vor allem mit hohen **Umstellungskosten**. Sie entstehen durch die Umrüstung und Neueinrichtung der Maschinen. Hinzu treten unter Umständen Kosten für Probedurchläufe. Je weniger Produktarten – bei gleichbleibender Kapazität – hergestellt werden, desto niedriger sind die Rüstkosten.[1] Darüber hinaus macht sich der Betrieb das „Gesetz der Massenproduktion" zunutze, das besagt, dass bei steigender Produktmenge die Stückkosten sinken.

Weitere Bestimmungsfaktoren sind die Beschaffungsmärkte, die angetroffenen Marktbedingungen, die Gesetzgebung sowie die persönlichen Ansichten der Geschäftsleitung.

2.2.5.4 Festlegung des Produktionsprogramms

Aus **Sicht der Leistungserstellung** ist aus Kostengründen ein möglichst **schmales Produktionsprogramm** wünschenswert, während aus **absatzwirtschaftlicher Sicht** ein **breites Produktionsprogramm** wünschenswert ist.

Der Wunsch der „Verkaufsstrategen" des Betriebs bietet die Möglichkeit, unterschiedliche Kundenbedürfnisse zu befriedigen, streut das Risiko bei einem Nachfrageausfall für ein Produkt und erleichtert die Kapazitätsanpassungen bei saisonalen Nachfrageschwankungen. Die technische Betriebsleitung strebt dagegen die Verminderung der Erzeugnisarten auf wenige Typen an, um Kosten einzusparen (z. B. geringere Differenzierung bei den Materialbeständen, verringerte Rüstkosten, vereinfachte Arbeitsvorbereitung, Stärkung der Automatisierung, geringere Loswechselkosten). Die Festlegung des Produktionsprogramms ist deswegen regelmäßig ein Kompromiss.

Um das Spannungsverhältnis zwischen Leistungserstellung und Absatz zu mildern, geht die Entwicklung der Fertigungstechnik dahin, die Fertigungssysteme zu flexibilisieren.[2] Unter **flexiblen Fertigungssystemen** versteht man mehrere Bearbeitungszentren (z. B. Industrieroboter), die über ein elektronisch gesteuertes Transportsystem miteinander verbunden sind und von einem übergeordneten Informations- und Steuerungssystem gelenkt werden. Flexible Fertigungssysteme sind in der Lage, unterschiedliche Aufträge (z. B. verschiedene Gerätetypen) automatisch zu fertigen.

---

1 Vgl. hierzu S. 44.
2 Flexibel: beweglich, anpassungsfähig.

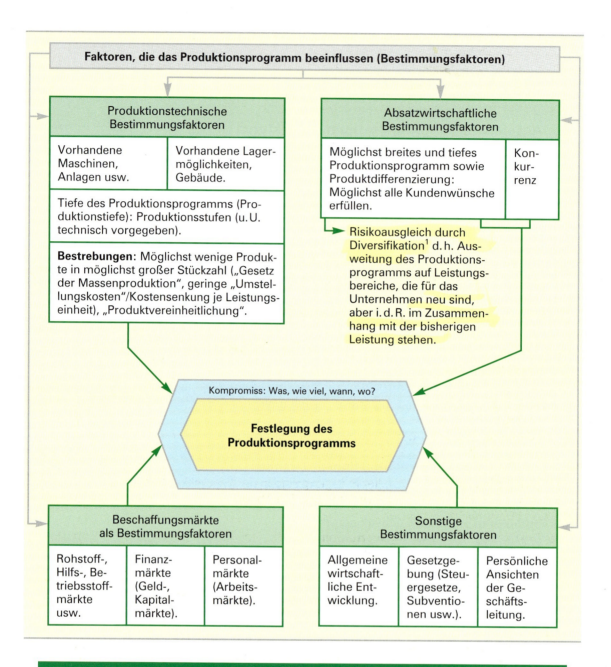

Zusammenfassung

- Unter dem **Produktprogramm** versteht man die Anzahl der verschiedenen Produkte und ihre Ausführungen, die ein Industrieunternehmen anbietet.

- Das **Produktionsprogramm** legt für eine gegebene Planungsperiode Art, Menge und Zeitpunkt der herzustellenden Produkte fest.

- Nach dem **Gesichtspunkt der Programmbreite** kann zwischen einem **breiten** und einem **schmalen Produktionsprogramm** unterschieden werden.

---

1 Diversifikation (lat): Abwechslung, Veränderung.

- Nach dem **Gesichtspunkt der Produktionstiefe** kann zwischen einer **hohen** und einer **geringen Produktionstiefe** unterschieden werden.
- Die **Planung des Produktionsprogramms** hängt insbesondere von **absatz-** und **produktionswirtschaftlichen Bestimmungsfaktoren** ab.
- Die **Festlegung des Produktionsprogramms** ist immer ein **Kompromiss**.

Übungsaufgabe

4
1. Formulieren Sie jeweils drei Argumente, die für bzw. gegen ein breites Produktionsprogramm sprechen!
2. Erläutern Sie, welche Konsequenzen sich aus einer hohen bzw. geringen Produktionstiefe ergeben!
3. Welche Bestimmungsfaktoren beeinflussen das Produktprogramm Ihres Ausbildungsbetriebs? Erfragen Sie die Bestimmungsfaktoren in Ihrem Betrieb und berichten Sie darüber, nach Rücksprache mit Ihrem Vorgesetzten, in der Klasse!

3 Planung der fertigungstechnischen Rahmenbedingungen

3.1 Bestimmungsgründe bei der Festlegung der Rahmenbedingungen

Merke:

Ein **Fertigungsverfahren** ist ein Prozess, bei dem Güter und Waren aus anderen Waren hergestellt werden.

Die Verfahrensweisen industrieller Fertigung sind in der Wirklichkeit äußerst vielfältig und im Grunde in jedem Industriebetrieb anders. Die Theorie kann daher nur die charakteristischen Merkmale herausarbeiten.

Die **Gestaltung der Fertigungsverfahren**, also die technisch-organisatorische Durchführung der Produktion, hängt u. a. ab

vom **Produktionsprogramm**	So ist z. B. bei der Baustellenfertigung verhältnismäßig viel, bei der Massenfertigung verhältnismäßig wenig Handarbeit erforderlich. In der chemischen Industrie unterscheiden sich die Fertigungsverfahren völlig von denen der Textilindustrie und die wiederum von denen des Maschinenbaus.
von der **Höhe der Lohnkosten**	In Regionen mit niedrigem Lohnniveau sind in der Regel mehr Menschen in der Produktion beschäftigt als in Regionen mit hohen Lohnkosten.
von der **Höhe des Kapitalbedarfs**	Kapitalintensive Fertigungsverfahren wie z. B. die Massenfertigung mit „Automaten" erfordern einen viel höheren Kapitaleinsatz als arbeitsintensive Verfahren. Sie verursachen deshalb auch höhere Kapitalkosten (z. B. Zinskosten). Die erforderlichen hohen Finanzmittel müssen auf dem Kapitalmarkt beschafft werden. Je höher die Zinskosten in einem Land sind, desto geringer wird die Neigung sein, in kapitalintensive Fertigungsverfahren zu investieren.
von **staatlichen Vorschriften**	Regierungen in den verschiedenen Ländern nehmen mit unterschiedlichen Vorschriften (z. B. Umweltauflagen, Verbot der Kinderarbeit, Arbeitsschutz) Einfluss auf die Wahl der Fertigungsverfahren.

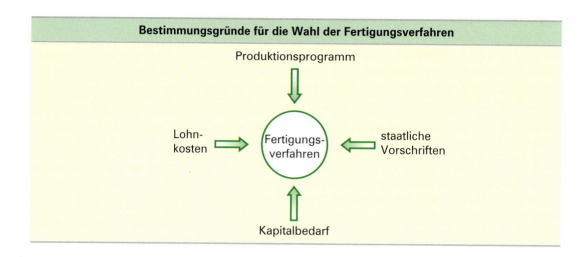

3.2 Fertigungsverfahren

3.2.1 Fertigungsverfahren nach dem Grad der Beteiligung menschlicher Arbeitskraft

(1) Handarbeit

Unter Handarbeit wird sowohl die vorwiegend körperliche Arbeit als auch die handwerkliche oder künstlerische manuelle Fertigung (Produktion) verstanden. Die schwere körperliche Arbeit wird in den hochindustrialisierten Ländern immer seltener, weil aufgrund der hohen Löhne der Einsatz kapitalintensiverer Fertigungsverfahren rentabel wird. Arbeiten mit gestalterischem Inhalt (z. B. Anfertigen von Entwürfen, Modellen, Mustern) werden auch in der Industrie ihre Bedeutung behalten.

(2) Maschinenarbeit

Von Maschinenarbeit wird gesprochen, wenn dem Arbeitenden ein wesentlicher Teil der Arbeitsvorgänge – vor allem schwere körperliche Tätigkeiten – durch Maschinen abgenommen wird. Wird dem Arbeitenden lediglich die Energie für den Antrieb der Maschine abgenommen, so spricht man von **Kraftmaschinen**.

Kraftmaschinen bedürfen gut ausgebildeter Arbeitskräfte, weil das Werkzeug manuell geführt werden muss.

Ist die Maschine so konstruiert, dass sie selbst die Führung des Werkzeugs übernehmen kann, handelt es sich um eine **Arbeitsmaschine**.

> **Beispiel:**
> Die Drehbewegungen einer Drehbank werden nicht mehr durch den Menschen, sondern mithilfe eines Elektromotors erzeugt. Das Herausarbeiten des Profils bleibt der Geschicklichkeit des Arbeitenden überlassen.

> **Beispiel:**
> Eine Drehbank kann, nachdem der Arbeitende die erforderlichen Einstellungen vorgenommen hat, den Abdrehstahl selbst an dem zu drehenden Material entlangführen und das vorgeschriebene Profil herausarbeiten.

(3) Automatische Fertigung

> **Merke:**
>
> Unter **Automation** versteht man die vollständige mechanisierte Durchführung von Arbeiten mithilfe von Maschinen, die in der Lage sind, **selbsttätig** einen oder mehrere Arbeitsgänge ohne menschliches Zutun durchzuführen.

Die in der Fertigung (z.T. auch in der Verwaltung) eingesetzten Automaten verrichten nicht nur eine bestimmte Arbeit, sondern sie kontrollieren und korrigieren sich selbst.

> **Beispiel:**
>
> Eine Maschine in einer Zwirnerei ist so konstruiert, dass die gewünschte Stärke des Wollfadens vollkommen gleichmäßig und selbsttätig hergestellt wird. Da das Material der Maschine in unterschiedlichen Mengen zugeführt wird, kann eine gleichbleibende Stärke des Fadens nur erreicht werden, indem die Maschine langsamer läuft (weniger Material ansaugt), wenn die Materialmenge zu groß ist. Dagegen wird bei zu knapper Materialzufuhr ein Ausgleich durch erhöhte Geschwindigkeit (größere Ansaugmenge) herbeigeführt.

Die Automation stellt an den arbeitenden Menschen **andere Anforderungen** als die Maschinenarbeit:

- Die Kontrollen (z.B. Ablesen der Instrumente, Proben) können in unregelmäßigen Abständen erfolgen. Der Arbeitstakt wird von der Maschine vorgegeben.
- Die Kontrollaufgaben erfordern Konzentration und Wachsamkeit, um bei Störungen sofort eingreifen zu können.
- Die Verantwortung für Mensch und Maschine ist größer als bei manueller oder maschineller Fertigung.

3.2.2 Fertigungsverfahren nach der Häufigkeit der Prozesswiederholung (Fertigungstypen, Produktionstypen)

Die Unterscheidung in Fertigungstypen richtet sich danach, inwieweit ein Betrieb das **Prinzip der Massenfertigung** verwirklicht. Die nachfolgende Grafik gibt einen Überblick über die Fertigungstypen:

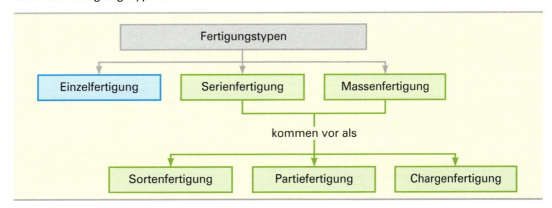

(1) Einzelfertigung

Hier wird ein bestelltes Produkt nur einmal in seiner Art gefertigt. Die Einzelfertigung ist in der Lage, individuelle Wünsche zu berücksichtigen.

> **Beispiele:**
> Anfertigen eines Maßanzugs, Konstruktion einer Spezialmaschine, Bau von Häusern, Fabriken, Schiffen, Straßen, Brücken oder Turbinen.

(2) Serienfertigung

Werden bei der industriellen Fertigung von einem Produkt größere Stückzahlen erzeugt (z. B. Werkzeugmaschinen oder Autos), spricht man von Serienfertigung. Durch den Übergang von der Einzel- zur Serienfertigung sinken die Stückkosten: Einerseits muss die Vorplanung und Arbeitsvorbereitung nicht mehr für jedes einzelne Produkt gesondert, sondern nur einmal für die ganze Serie durchgeführt werden, andererseits kann infolge der Arbeitsteilung der Einsatz der Betriebsmittel rationalisiert werden.

Bei der Serienfertigung mit **kontinuierlicher (ununterbrochener) Fertigung** werden die Fertigungsanlagen einmal für die Produktion der Serie vorbereitet, sodass nur ein bestimmtes Produkt während des geplanten Zeitraums gefertigt werden kann. Verlangt der Markt ein verbessertes Produkt, wird die Produktion der bisherigen Serie eingestellt und die neue Serie aufgelegt (z. B. Motorräder, Automobile). Der Übergang dieser sogenannten **Großserienfertigung** zur Massenfertigung ist fließend.

(3) Sortenfertigung

Hier weisen die Endprodukte bestimmte Größen-, Formen- und Beschaffenheitsunterschiede auf, die mit der gleichen, allerdings zumeist verstellbaren Produktionseinrichtung und dem **gleichen Rohmaterial** mit **unterschiedlichen Zusatzstoffen** erreicht werden.

> **Beispiele:**
> Die Bekleidungsindustrie bietet konfektionierte[1] Herren- und Knabenanzüge, Damen- und Herrenmäntel in den verschiedensten Größen, in anderen Musterungen und mit unterschiedlichen Qualitäten an. Schokoladenfabriken bringen verschiedene Sorten mit z. B. spezifisch bitterem oder zartbitterem oder anderem Geschmack auf den Markt.

(4) Partiefertigung

Bei manchen Endprodukten werden gleiche Produkteigenschaften nur dann erzielt, wenn die verwendeten Rohstoffe aus derselben Partie stammen. Eine Partie ist eine Lieferung, bei der ein bestimmter Rohstoff mit einheitlichen Produkteigenschaften (z. B. Qualität, Geschmack, Aussehen) zusammengestellt ist.

> **Beispiele:**
> Kaffee aus Kenia zur Herstellung von „Hochlandkaffee"; Wein, Jahrgang 2009 aus der Provence zur Herstellung eines Aperitifs.

(5) Chargenfertigung

Eine Chargenfertigung (Charge: Ladung, Beschickung) liegt dann vor, wenn das Material in einem Behälter be- oder verarbeitet wird. Die unterschiedlichen Sorten kommen dadurch zustande, dass die Produktionsprozesse nicht vollständig beherrschbar sind.

> **Beispiele:**
> Schmelzprozess im Hochofen, Käseherstellung in Molkereien.

---

1 Konfektioniert: Serienmäßig hergestellt, verkaufsfertig.

(6) Massenfertigung

Erstellt ein Unternehmen ein ausgereiftes Produkt und sieht es sich einem praktisch unbegrenzt aufnahmefähigen Markt gegenüber, wird es zur **Massenfertigung** übergehen (z. B. Zigaretten, Ziegelsteine, Stahlbleche, Waschmittel, Zement). Die Massenfertigung kann als **Einproduktfertigung, Sortenfertigung** oder **Mehrproduktfertigung** vorkommen. Während die reine **Einproduktfertigung** in Wirklichkeit verhältnismäßig selten anzutreffen ist (z. B. Elektrizitätswerk), tritt die **Sortenfertigung** häufig in Erscheinung (z. B. Walzwerke, Brauereien, Ziegeleien, Baustoffwerke).

Die Mehrproduktfertigung ist in ihren Erscheinungsformen außerordentlich vielfältig, sei es als verbundene Produktion oder als Parallelproduktion.

Verbundene Produktion	Sie liegt vor, wenn mehrere Produkte, z. B. Gas, Koks und Teer aus einem Grundstoff (Kohle) in einem Produktionsprozess gewonnen werden (Kuppelproduktion).
Parallelproduktion	Sie liegt vor, wenn verschiedene Produkte in verschiedenen Betriebsteilen gefertigt werden (z. B. verschiedene Sorten Kunststoffe in getrennten Betriebsteilen).

3.2.3 Fertigungsverfahren nach der Anordnung der Betriebsmittel im Produktionsprozess (Fertigungsorganisation, Organisationstypen)

(1) Werkstättenfertigung

Werkstättenfertigung bedeutet die Zusammenfassung aller artgleichen Fertigungsmaschinen und Fertigungseinrichtungen in besonderen Abteilungen, z. B. Drehbänke in der Dreherei, Fräsmaschinen in der Fräserei usw. Das Werkstück wandert von Abteilung zu Abteilung, wobei es wiederholt in die gleiche Abteilung zurückkommen kann.

Das folgende Organisationsschema zeigt das Prinzip der Werkstättenfertigung.

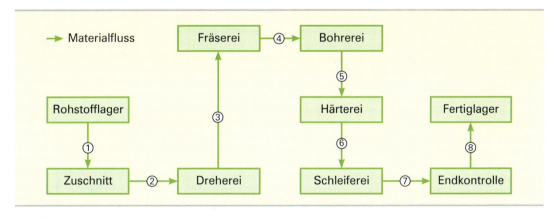

Vor- und Nachteile der Werkstättenfertigung aus Sicht des Unternehmers	
Vorteile	**Nachteile**

■ Geeignetes Fertigungsverfahren für Einzel- und Kleinserienfertigung.
■ Große Anpassungsfähigkeit an Nachfrageänderungen, da der häufige Wechsel der Kundenaufträge hinsichtlich Art und Qualität der Produkte den Einsatz von umrüstbaren Maschinen (Universalmaschinen im Gegensatz zu Spezialmaschinen) verlangt.
■ Guter Überblick über Kapazitätsauslastung.
	■ Hohe Fertigungskosten im Vergleich zur Fließfertigung aufgrund
	  ■ langer innerbetrieblicher Transportwege,
	  ■ ungleicher Kapazitätsauslastung der Werkstätten,
	  ■ hoher Zwischenlagerkosten,
	  ■ hoher Lohnkosten (Facharbeiterlöhne) und
	  ■ hoher Kosten der Arbeitsvorbereitung (z. B. Bereitstellung der Arbeitsunterlagen, Reihenfolgeplanung, Terminplanung, Maschinenbelegungsplanung).

(2) Reihenfertigung

Gelingt es, innerhalb der einzelnen Werkstätten die Maschinen und damit die Arbeitsplätze nach dem Fertigungsablauf anzuordnen, spricht man von **Reihenfertigung**. Hier wird der Produktionsprozess in kleine und kleinste Arbeitsgänge zerlegt, die entsprechend dem Produktionsfortschritt miteinander verbunden sind.

Das folgende Organisationsschema zeigt das Prinzip der Reihenfertigung.

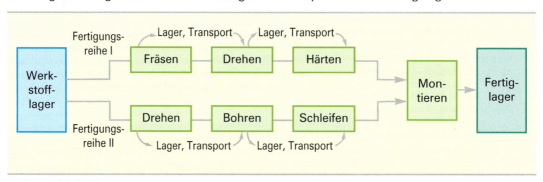

Vor- und Nachteile der Reihenfertigung aus Sicht des Unternehmers	
Vorteile	**Nachteile**

■ Geeignetes Fertigungsverfahren für größere Serien.
■ Niedrigere Fertigungskosten gegenüber der Werkstättenfertigung aufgrund
  ■ kurzer innerbetrieblicher Transportwege,
  ■ gleichmäßiger Kapazitätsauslastung in den Fertigungsreihen,
  ■ niedrigerer Lohnkosten (an Spezialmaschinen ist der Einsatz angelernter Arbeitskräfte möglich),
  ■ niedriger Kosten für die Arbeitsvorbereitung.
	■ Hohes Unternehmerwagnis (steigende Stückkosten bei zurückgehender Nachfrage aufgrund hoher fixer Kosten).
	■ Mangelnde Anpassungsfähigkeit an Nachfrageänderungen. (Spezialmaschinen können entweder überhaupt nicht oder nur mit hohen Kosten umgerüstet werden, falls andere Erzeugnisse hergestellt werden sollen.)

(3) Fließfertigung

■ Begriff Fließfertigung

Die Fließfertigung ist eine Weiterentwicklung der Reihenfertigung. Wie bei der Reihenfertigung sind die Betriebsmittel bzw. Arbeitsplätze in einer zwingenden Reihe nach der Arbeitsfolge angeordnet. Der Unterschied zur Reihenfertigung[1] besteht darin, dass die Arbeitsgänge zeitlich vorbestimmt sind. Der Arbeitende muss den vorgeschriebenen „Takt" einhalten.

> **Merke:**
>
> - Von **Fließfertigung** spricht man, wenn sich die Anordnung der Maschinen und der Arbeitsplätze nach der technisch erforderlichen Bearbeitungsreihenfolge richtet.
> - Höchste Ausprägungsform der Fließfertigung ist die **Fließbandfertigung**.

■ Fließbandfertigung *von Ford eingeführt*

Das Wesen der **Fließbandfertigung** besteht im Erledigen der zeitlich bestimmten, lückenlosen Folge der Arbeitsgänge bei gleichmäßigem Arbeitsfluss. Die Bearbeitungsgänge von unterschiedlicher Dauer sind daher aufeinander abzustimmen, „auszutakten", damit das Werkstück alle Fertigungsstufen mit der gleichen, planmäßig vorgegebenen Geschwindigkeit durchläuft. Bei diesem Taktverfahren ist die Arbeit an dem sich bewegenden Werkstück in der festgesetzten Zeit auszuführen. Die Arbeitsausführung ist an den Takt (Rhythmus) gebunden.

Das folgende Organisationsschema zeigt das Prinzip der Fließbandfertigung.

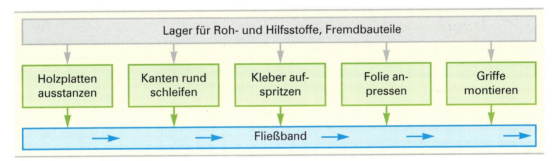

Die Fließbandfertigung galt lange Zeit als das bestmögliche Produktionsverfahren, weil sie eine hohe Arbeitsproduktivität garantiert (geringer Raumbedarf je Arbeitsplatz, schnelle Durchlaufzeiten des Materials, höchstmögliche Ausnutzung der Arbeitskapazität des Arbeitenden).

Seit Beginn der siebziger Jahre haben Gewerkschafter, Arbeitspsychologen, Soziologen und Techniker erkannt, dass die Nachteile der Fließbandarbeit überwiegen können.

---

[1] Die Reihenfertigung wird auch als nicht taktgebundene Fließfertigung bezeichnet. Man unterscheidet hier die manuell-fortschreitende Fließfertigung und die gleitend-fortschreitende Fließfertigung. Bei der manuell-fortschreitenden Fließfertigung gibt es kein Beförderungsmittel. Bei der gleitend-fortschreitenden Fließfertigung ist der Arbeitstakt ebenfalls nicht vorgegeben („loser Takt"), aber die Werkstücke gleiten auf Rutschen oder Rollen von Arbeitsplatz zu Arbeitsplatz.

Die **Nachteile der Fließbandfertigung** aus **Sicht des arbeitenden Menschen** sind vor allem:

- Der Mitarbeiter kann sich **nicht mehr mit dem Produkt identifizieren**. Er weiß häufig gar nicht mehr, welchen Anteil er am Gesamtprodukt hat. Die Arbeitsfreude kann dadurch verloren gehen.
- Die ständige Wiederholung von gleichartigen Arbeitsgängen führt zur **Monotonie**. Die einseitige Beanspruchung bei der Arbeit führt möglicherweise zu **physischen** (körperlichen) und **psychischen** (seelischen) **Belastungen**.
- Für viele Tätigkeiten am Fließband ist keine umfassende Berufsausbildung mehr notwendig. Ungelernte oder angelernte Arbeit genügt. Damit entsteht eine **neue, wenig angesehene Bevölkerungsschicht**.

Dies ist ein Grund dafür, dass viele große Industriebetriebe entweder das Fließband „humanisieren" (menschlicher gestalten) oder abschaffen.

Vor- und Nachteile der Fließbandfertigung aus Sicht des Unternehmers	
Vorteile	**Nachteile**
<ul><li>Geeignetes Fertigungsverfahren für die Großserien- und Massenproduktion,</li><li>niedrige Fertigungskosten, weil<ul><li>die Zwischenlagerung der Werkstücke verringert wird,</li><li>die Fertigungszeiten verkürzt werden,</li><li>der Ausschuss abnimmt (die Spezialisierung der Arbeitenden auf wenige Handgriffe erhöht die Geschicklichkeit),</li><li>die Lohnkosten verhältnismäßig niedrig sind (angelernte statt gelernte Arbeitskräfte).</li></ul></li></ul>	<ul><li>Hohes Unternehmerwagnis (steigende Stückkosten bei zurückgehender Nachfrage aufgrund hoher fixer Kosten),</li><li>mangelnde Anpassungsfähigkeit an Nachfrageänderungen (geringe Flexibilität),</li><li>Probleme beim „Austakten" (Abstimmen) der einzelnen Fertigungsbereiche (z. B. Fertigungsstraßen),</li><li>hohe Störanfälligkeit, denn beim Ausfall eines Arbeitsplatzes muss die Fertigung gestoppt werden, falls keine Zwischenlager vorhanden sind,</li><li>starke einseitige Beanspruchung des arbeitenden Menschen.</li></ul>

(4) Inselfertigung (Gruppenfertigung)

Die Nachteile der Fließbandarbeit (z. B. einseitige Belastung und geringe Motivation der Arbeitskräfte) führen dazu, dass immer mehr Betriebe dazu übergehen, die Fließbandfertigung durch die Inselfertigung (auch Gruppenfertigung genannt) zu ersetzen.

Bei der Inselfertigung werden Elemente der Werkstättenfertigung mit der Fließfertigung kombiniert, indem der Montageablauf in genau definierbare Arbeitsabschnitte gegliedert wird. Wie die Arbeit im einzelnen Abschnitt erledigt wird, regelt kein Einzelner, sondern die Gruppe. Die Gruppe organisiert in eigener Verantwortung den Materialabruf, die Belegung der Maschinen sowie das Arbeitstempo. Je nach Bedarf wechseln die Gruppenmitglieder – bei gegenseitiger Abstimmung – die Arbeitsplätze (Jobrotation). Diese Eigenverantwortung führt zu einer Steigerung der Arbeitsmotivation und erhöht die Produktqualität. Die Gruppen können dabei sehr unterschiedliche Produkte herstellen. Dies reicht von der Produktion bestimmter Einzel- oder Bauteile bis hin zu einem Fertigerzeugnis.

Das folgende Organisationsschema zeigt das Prinzip der Inselfertigung (Gruppenfertigung).

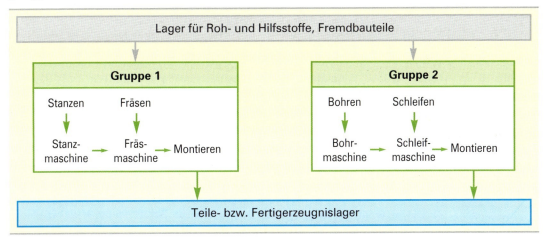

Nachteile der Inselfertigung sind z. B. die schwierigere Entgeltfestsetzung für die einzelnen Arbeitskräfte und der zwischen den Arbeitskräften bestehende Gruppenzwang.

Vorteile der Inselfertigung gegenüber der Werkstättenfertigung	Vorteile der Inselfertigung gegenüber der Fließbandfertigung
▪ Kürzere Transportwege, ▪ schnellere Fertigungsdurchlaufzeiten, ▪ niedrigere Kosten für die Zwischenlagerung, ▪ übersichtlicherer Produktionsablauf.	▪ Höhere Anpassungsfähigkeit an Nachfrageänderungen (höhere Flexibilität), ▪ abwechslungsreichere Tätigkeiten der Arbeitskräfte, ▪ bessere Motivation der Arbeitskräfte durch Übertragung von Eigenverantwortlichkeiten, ▪ geringere Störanfälligkeit des Produktionsablaufs.

3.2.4 Zusammenhang zwischen Kosten und Fertigungslosen: optimale Losgröße

Werden die einzelnen Produkte nicht kontinuierlich, sondern **mit Unterbrechungen** hergestellt, handelt es sich um **Intervallfertigung**. Außerhalb der „Intervalle" werden mit den gleichen Fertigungsanlagen andere Erzeugnisse produziert. Die Intervallfertigung ist häufig eine **Kleinserienfertigung**. Auch bei der **Sortenfertigung** findet sich die Intervallfertigung.

(1) Begriff und Bestimmungsfaktoren der optimalen Losgröße

Ein wichtiges Problem der Intervallfertigung ist die Bestimmung der optimalen Losgröße (Seriengröße, Auflagengröße).

> **Merke:**
>
> Ein **Los (Serie, Auflage)** ist die Menge, die **ohne Umrüsten der Anlage** produziert wird.

Die Losgröße wird von der Kostenseite her von den Rüstkosten und den Lagerhaltungskosten beeinflusst.

- **Rüstkosten** entstehen durch das Einrichten der Produktionsanlagen auf die Herstellung einer anderen Produktart.

  Rüstkosten treten je Los nur einmal auf und entstehen unabhängig von der Stückzahl der in einem Los gefertigten Produkte. Man bezeichnet sie daher auch als **auflagefixe Kosten**. Durch die Verminderung der Anzahl der durchgeführten Rüstvorgänge bzw. Erhöhung der in einem Los gefertigten Güter werden die Umrüstkosten insgesamt abgesenkt und damit auch die Losstückkosten.

  > **Beispiele:**
  >
  > Zinskosten, Abschreibungen, Wagniskosten oder Miete für die ruhenden maschinellen Anlagen und Räume; Heiz-, Strom-, Be- und Entlüftungskosten; Personalkosten während der Umrüstungszeit.

- **Lagerhaltungskosten** sind mengenabhängige Kosten. Sie steigen mit wachsender Losgröße an und sinken mit fallender Losgröße. Die Lagerhaltungskosten bezeichnet man auch als **auflagevariable Kosten**.

  > **Beispiele:**
  >
  > Versicherungskosten für die Lagervorräte, Zinskosten für das im Lager gebundene Kapital, Wagniskosten für Lagerschwund durch Güterverderb, Diebstahl, Personalkosten, Abschreibung der Lagereinrichtung, Mietkosten.

Rüstkosten und Lagerhaltungskosten verlaufen, bezogen auf die Losgröße, entgegengerichtet, d.h., eine hohe Auflage (geringe Anzahl von Losen) führt zu niedrigen Rüstkosten, aber zu höheren Lagerkosten und umgekehrt.

> **Merke:**
>
> Die **optimale Losgröße (Seriengröße, Auflagengröße)** ist gegeben, wenn die Summe aus Rüst- und Lagerhaltungskosten in einem bestimmten Planungszeitraum ein Minimum bildet.

(2) Berechnung der optimalen Losgröße[1]

■ Ermittlung der auflagevariablen Lagerhaltungskosten

Die Ermittlung der **auflagevariablen Lagerhaltungskosten** (K_e) ist in der Praxis sehr schwierig. An einem sehr vereinfachenden Beispiel wird gezeigt, warum die variablen Lagerhaltungskosten auch **je Stück** steigen.

> **Beispiel:**
>
> Ein Unternehmen verkauft im Laufe eines Jahres 12 000 Schaltelemente, deren Selbstkosten 10,00 EUR betragen. Der Lagerkostensatz beträgt 30 %.
>
> **Aufgaben:**
> 1. Stellen Sie dar, wie sich die Lagerhaltungskosten für die Lagerung je Stück entwickeln, wenn der Monatsbedarf, der Zweimonatsbedarf, der Dreimonatsbedarf, der Viermonatsbedarf, der Halbjahresbedarf und der Jahresbedarf zu Beginn der jeweiligen Periode produziert und auf Lager genommen wird! Es wird eine kontinuierliche Lagerabgangsrate unterstellt.
> 2. Stellen Sie den Sachverhalt grafisch dar!

Lösungen:

Zu 1.: Entwicklung der Lagerhaltungskosten

Losgröße	Auflagen-häufigkeit	Durchschn. Lagerbestand in Stück	Durchschn. Lagerbestand in EUR	Lagerhaltungskosten in EUR	Lagerhaltungskosten pro Jahr und Stück in EUR
1 000	12	500	5 000,00	1 500,00	0,125
2 000	6	1 000	10 000,00	3 000,00	0,250
3 000	4	1 500	15 000,00	4 500,00	0,375
4 000	3	2 000	20 000,00	6 000,00	0,500
6 000	2	3 000	30 000,00	9 000,00	0,750
12 000	1	6 000	60 000,00	18 000,00	1,500

Zu 2.: Grafische Darstellung

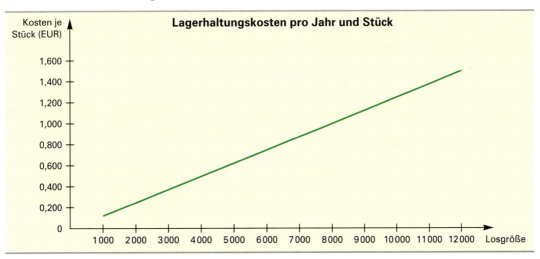

---
1 Vgl. auch die Ausführungen zum Auftragsfolgediagramm im auf S. 100ff.

Ermittlung der optimalen Losgröße

Beispiel:

Ausgehend von den Daten des Beispiels von S. 45 betragen die Rüstkosten (auflagefixen Kosten) 1 000,00 EUR.

Aufgaben:
1. Berechnen Sie die optimale Losgröße!
2. Stellen Sie die optimale Losgröße grafisch dar!

Lösungen:

Zu 1.: Rechnerische Ermittlung der optimalen Losgröße

Losgröße	Auflagen-häufigkeit	Auflage-kosten pro Jahr in EUR	Durchschn. Lager-bestand in Stück	Durchschn. Lager-bestand in EUR	Lager-haltungs-kosten in EUR	Gesamt-kosten in EUR
1 000	12	12 000,00	500	5 000,00	1 500,00	13 500,00
2 000	6	6 000,00	1 000	10 000,00	3 000,00	9 000,00
3 000	**4**	**4 000,00**	**1 500**	**15 000,00**	**4 500,00**	**8 500,00**
4 000	3	3 000,00	2 000	20 000,00	6 000,00	9 000,00
6 000	2	2 000,00	3 000	30 000,00	9 000,00	11 000,00
12 000	1	1 000,00	6 000	60 000,00	18 000,00	19 000,00

☐ optimale Losgröße

Zu 2.: Grafische Darstellung

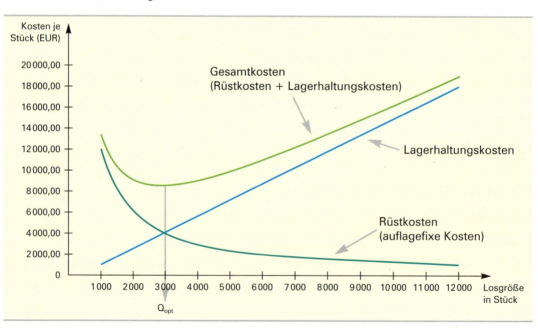

Zusammenfassung

- Nach dem **Einsatz menschlicher Arbeitskraft** unterscheidet man folgende Fertigungsverfahren: **Handarbeit, Maschinenarbeit** und **automatische Fertigung**.
- Nach der **Häufigkeit der Prozesswiederholung** unterscheidet man folgende **Fertigungstypen (Produktionstypen): Einzelfertigung, Serienfertigung, Sortenfertigung, Partiefertigung, Chargenfertigung, Massenfertigung**.

Fertigungs-verfahren	Merkmale
Einzelfertigung	■ Für ein Erzeugnis wird nur eine Einheit geplant und hergestellt; ■ reine Auftragsfertigung; ■ Berücksichtigung von individuellen Kundenwünschen; ■ häufig mit Finanzierungsfragen verbunden; ■ hoher Planungsaufwand je Auftrag; ■ anpassungsfähiger Produktionsapparat erforderlich; ■ Tendenz zum Einsatz von Universalmaschinen; ■ qualifizierte Arbeitskräfte notwendig, daher hohes Lohnniveau; ■ kostenungünstige Produktion; **Beispiele:** Werften, Großbehälterbau, Sonderfahrzeuge.

Serienfertigung	■ Begrenzte Anzahl eines einheitlichen Erzeugnisses;
	■ starke Abweichung unter den Serien;
	■ Problem: Bildung der Losgröße;
	■ Übergangsformen:
	  – Kleinserien: Vergleichbar mit der Einzelfertigung.
	  – Großserien: Siehe Massenfertigung.
	Beispiele: Automobilbau, Möbel, Elektrogeräte.

Sortenfertigung	■ Eng verwandt mit Serienfertigung; ■ geringe Abweichungen unter den Sorten (z.B. Farbe); ■ in der Regel auf derselben Fertigungsapparatur herzustellen; ■ Varianten eines Grunderzeugnisses; ■ geringerer Umrüstaufwand als bei der Serienfertigung; **Beispiele:** Schokolade, Stoffe.
Partiefertigung	Sonderfall der Sortenfertigung. Die unterschiedlichen Sorten kommen zustande durch die unterschiedlichen Ausgangsmaterialien. **Beispiel:** Tabake.
Chargenfertigung	Ebenfalls Sonderfall der Sortenfertigung. Die unterschiedlichen Sorten kommen dadurch zustande, dass die Produktionsprozesse nicht vollständig beherrschbar sind. **Beispiele:** Schmelzprozesse im Hochofen, Herstellung von Käse.
Massenfertigung	■ Einheitliches Erzeugnis; ■ längerer Zeitraum; ■ für den anonymen Markt. **Beispiele:** Zigaretten, Flaschen, Zement.

- Nach der **Anordnung der Betriebsmittel im Produktionsverfahren** unterscheidet man folgende **Fertigungsorganisationen (Organisationstypen): Werkstättenfertigung, Reihenfertigung, Fließfertigung, Inselfertigung.**

Fertigungs-verfahren	Merkmale
Werkstätten-fertigung	■ Verrichtungszentralisation, d. h., gleichartige Maschinen werden in gesonderten Abteilungen zusammengefasst (Drehbänke in der Dreherei); ■ hohes Maß an Flexibilität gegenüber Änderung der Kundenwünsche; ■ ein flexibles Transportsystem (z. B. Gabelstapler) befördert die Werkstücke von einer Abteilung in die andere; ■ ein hoher Bestand in den jeweiligen Zwischenlagern sichert die Kapazitätsauslastung; ■ qualifizierte Arbeitskräfte; ■ hohes Lohnniveau; ■ hoher Planungsaufwand in der Arbeitsvorbereitung z. B. für: – Losgrößenbestimmung; – Terminplanung; – Reihenfolgeplanung; – Maschinenbelegung; ■ guter Überblick über die Auslastung der Maschinen.
Reihenfertigung	■ Anordnung der Arbeitsplätze nach dem Flussprinzip; ■ keine Taktzeit; Arbeitskräfte können Arbeitstempo weitgehend selbst bestimmen; ■ Zwischenlager zwischen den einzelnen Arbeitsstationen; ■ einfaches Transportsystem (z. B. Schwenkkräne); ■ erheblicher Grad der Spezialisierung von Mensch und Maschine; ■ hoher Umrüstaufwand; ■ Tendenz zu angelernten und ungelernten Arbeitskräften, damit günstigeres Lohnniveau.
Fließfertigung	■ Konsequente Fortführung der Reihenfertigung; ■ aufwendiges, starres Transportsystem zwischen den einzelnen Bearbeitungsstationen (Fließband); ■ Arbeitsabläufe sind zeitlich exakt aufeinander abgestimmt (Taktzeit); ■ keine Zwischenlager; ■ hohes Maß an Arbeitszerlegung und damit Spezialisierung von Mensch und Maschine.
Inselfertigung	■ Räumliche und organisatorische Zusammenfassung aller Betriebsmittel, die zur möglichst vollständigen Herstellung einer Gruppe ähnlicher Werkstücke erforderlich sind; ■ weitgehende Selbstverantwortung der Mitglieder einer Fertigungsinsel (teilautonome Gruppe), indem sie auch organisatorische, planerische und kontrollierende Funktionen übernehmen; ■ erhebliche Verkürzung der Durchlaufzeit durch – Einsparung von Transportzeiten aufgrund der räumlichen Konzentration und – Aufhebung der strengen Arbeitsteilung zwischen Planung, Ausführung und Kontrolle.

Übungsaufgaben

5
1. Unterscheiden Sie Fertigungsverfahren nach dem Grad der Beteiligung menschlicher Arbeitskraft!
2. Nennen Sie Vor- und Nachteile, die die Automation für den Betrieb, die Belegschaftsmitglieder und die Verbraucher bringt!
3. Unterscheiden Sie die Fertigungsverfahren nach der Häufigkeit der Prozesswiederholung!
4. Bei der Intervallfertigung tritt u. a. das Problem der optimalen Losgröße auf.

    Aufgaben:
    4.1 Erklären Sie, was unter optimaler Losgröße zu verstehen ist!
    4.2 Berechnen Sie die optimale Losgröße für Edelstahl-Handläufe unter folgenden Bedingungen:
    – Der Jahresbedarf beträgt 18 000 Stück.
    – Die Herstellkosten je Einheit betragen 15,00 EUR.
    – Der Lagerhaltungskostensatz beträgt 25 %.
    – Die auflagefixen Kosten betragen 2 000,00 EUR.
    – Die Losgröße beträgt 1 000 Stück oder ein Mehrfaches davon.

5. Sowohl bei der Serien- als auch bei der Massenfertigung kommen Sortenfertigung, Partiefertigung und Chargenfertigung vor.

    Aufgabe:
    Erklären Sie die Begriffe an je einem Beispiel!

6
1. Erläutern Sie den Begriff Werkstättenfertigung!
2. Nennen Sie die Vor- und Nachteile, die die Werkstättenfertigung aus Sicht des Betriebs hat!
3. Erklären Sie den Begriff Reihenfertigung!
4. Nennen Sie die Vor- und Nachteile, die die Reihenfertigung aus Sicht des Betriebs hat!
5. Erläutern Sie, inwiefern die Fließfertigung (einschließlich Fließbandfertigung) eine Weiterentwicklung der Reihenfertigung ist!
6. Unterscheiden Sie zwischen Fließfertigung (einschließlich Fließbandfertigung) und Reihenfertigung!
7. Nennen Sie Vor- und Nachteile der Fließbandfertigung aus Sicht des Betriebs!

7 Lesen Sie zunächst sorgfältig nachstehenden Textauszug:

Peter Holzer ist ein gestandener Mann. Sechs Jahre lang hat der 43-jährige Kfz-Elektriker im Lastwagenwerk geschuftet, zuletzt in der Nachbearbeitung und Endkontrolle. Peter Holzer weiß aber auch, was es heißt, monatelang nichts anderes zu tun, als Kotflügel zu montieren. Kotflügel, Kotflügel, nichts als Kotflügel – acht Stunden am Tag, fünf Tage die Woche, mitunter auch nachts, je nach Schicht. Alles ein geschlossener Kreislauf, monoton und ermüdend. Auch Willi Bayer mit seinen 19 Jahren weiß schon gut, was das bedeutet. Er hat Kfz-Elektriker gelernt und dann in einer Automobilfabrik Kabelsätze montiert. Nichts als Kabelsätze, Tag für Tag – jeder für sich, keiner für alle.

Doch jetzt ist alles anders. Hightech, die den Mitarbeiter zum Handlanger macht, sucht man vergebens. Spektakuläre Automation gibt es nicht, lediglich das induktionsgesteuerte Transportsystem, das die Karossen wie von Geisterhand über den hellgrauen Betonboden schweben lässt, mutet futuristisch an. „Verrenken" muss sich keiner mehr: Über-Kopf-Arbeit ist vorbei, sogenannte Hub-Schwenk-Plattformen und Hänge-Dreh-Plätze ermöglichen ergonomisches Arbeiten und halten die Körperbelastung deutlich geringer. Auch die Endkontrolle entfällt. Der Arbeiter ist der Letzte vor dem Kunden und zeichnet mit einem Stempel für sorgfältig erledigte Arbeit.

Im neuen Werk arbeiten auf einer Fertigungsinsel acht bis maximal zwölf Mitarbeiter, die ihre Arbeit im Wesentlichen selbst organisieren und für ihren Arbeitsabschnitt die volle Verantwortung übernehmen. Das soll für die Motivation sorgen. Nicht umsonst erwarten die Verantwortlichen, dass statistisch gesehen pro Mann und Jahr ein Verbesserungsvorschlag kommt. Zum Vergleich: In anderen Werken liegt die Quote zehnmal niedriger.

Aufgaben:

1. Begründen Sie, von welcher Fertigungsart in Bezug auf die Anordnung der Betriebsmittel im Produktionsverfahren im ersten Abschnitt des obigen Textes die Rede ist!
2. Begründen Sie, welche Fertigungsart in Bezug auf die Häufigkeit der Prozesswiederholung vorliegt!
3. Nehmen Sie das Internet bzw. ein Lexikon zu Hilfe und erklären Sie folgende im zweiten Textabschnitt erwähnten Begriffe:

    3.1 Hightech,
    3.2 Automation,
    3.3 ergonomisch,
    3.4 futuristisch,
    3.5 Motivation und
    3.6 statistisch.

4. Erläutern Sie, welche Fertigungsart in Bezug auf die Anordnung der Betriebsmittel im Produktionsprozess im zweiten Abschnitt beschrieben wird!

3.3 Rationalisierung

3.3.1 Begriff, Anlässe und Ziele der Rationalisierung

(1) Begriff Rationalisierung

Merke:

Rationalisierung[1] bedeutet die Durchführung von Maßnahmen zur Verbesserung bestehender Zustände.

Beispiele:

Verminderung des Ausschusses durch verbesserte Materialprüfung. – Senkung der Lagerhaltungskosten aufgrund der ABC-Analyse. – Verkürzung der Produktionszeit durch verbesserte Anordnung der Betriebsmittel. – Verringerung des Krankenstands der Belegschaft durch Verbesserung der Arbeitsbedingungen und des Betriebsklimas.

---

1 Ratio (lat.): Vernunft.

(2) Anlässe der Rationalisierung

Die Bundesrepublik Deutschland ist ein exportabhängiges, rohstoffarmes Land auf einer hohen technisch-wirtschaftlichen Entwicklungsstufe (Hightech-Industrieland). Hieraus folgt, dass die in Deutschland ansässigen Industriebetriebe versuchen müssen, weltweit mit ihren Mitbewerbern Schritt zu halten. Die Produkte müssen **technisch, qualitativ, gestalterisch** und **preislich** mit den Produkten der Konkurrenz vergleichbar sein. Es ist deshalb erforderlich, dass alle Maßnahmen ergriffen werden, um

- die **technische Entwicklung** voranzutreiben,
- das **Qualitätsmanagement** weiter zu verbessern (siehe S. 130ff.),
- die **schöpferischen Kräfte** zu fördern und
- das **Verhältnis von Leistung zu Kosten** zu verbessern, um zu konkurrenzfähigen Konditionen Erzeugnisse und Dienstleistungen anbieten zu können.

(3) Ziele der Rationalisierung

Ziele der Rationalisierung	Erläuterungen
in **technischer** Hinsicht	Erstrebt wird eine **Steigerung der mengenmäßigen Ergiebigkeit** bzw. der **Erzeugnisqualität** bei gegebenem Faktoreinsatz und/oder die **Verringerung des Faktoreinsatzes** bei gegebenen Ausbringungsmengen und -qualitäten.
in **kaufmännischer** Hinsicht	Es wird versucht, durch **Senkung der Faktorpreise** (z. B. durch Großmengeneinkauf, geschickte Verhandlungsstrategien) und **Erhöhung des Umsatzes** (z. B. durch ein geschicktes Marketing-Mix) den **Gewinn zu erhöhen** bzw. den **Verlust zu mindern.**
in **organisatorischer** Hinsicht	Angestrebt wird, die betrieblichen Zustände zu erfassen (z. B. mittels eines ausgebauten Rechnungswesens), auszuwerten und darauf aufbauend den **Betriebsaufbau** und die **betrieblichen Abläufe** im Sinne des ökonomischen Prinzips zu **verbessern.**
in **ökologischer** Hinsicht	Angestrebt wird, durch die Rationalisierungsmaßnahmen zugleich zur Umweltentlastung beizutragen. **Beispiele:** Ersatz alter Feuerungsanlagen durch Feuerungsanlagen mit höheren Wirkungsgraden bei gleichzeitigem Einsatz umweltschonender Brennstoffe. – Übergang zu umweltschonenden Produktionsverfahren bei gleichzeitiger Kapazitätserweiterung.
in **soziologischer**[1] Hinsicht	In soziologischer Hinsicht versucht die Rationalisierung, durch **Verbesserung des Zusammenwirkens der Menschen** (z. B. Verbesserung des Betriebsklimas) die Gesamtleistung des Betriebs zu erhöhen.

---

[1] Soziologie: Lehre vom Zusammenleben und -wirken der Menschen; soziologisch: zwischenmenschlich.

3.3.2 Einzelmaßnahmen der Rationalisierung

3.3.2.1 Ersatz unwirtschaftlicher Anlagen

„Unwirtschaftlich" ist eine Produktionsanlage immer dann, wenn es kostengünstigere und/oder leistungsfähigere Alternativen gibt.

Unwirtschaftliche und veraltete Anlagen müssen ersetzt werden, damit qualitativ hochwertige Güter mit möglichst geringem Aufwand an Roh-, Hilfs- und Betriebsstoffen sowie Energiestoffen und menschlicher Arbeitskraft erzeugt werden können. In welchem Umfang und Tempo diese technologischen Verjüngungsmaßnahmen (**Rationalisierungsinvestitionen**) erfolgen, lässt sich am **Altersaufbau des Anlagevermögens** und dessen Veränderungen ablesen.

3.3.2.2 Standardisierung (partielle Massenfertigung)

(1) Begriff Standardisierung

Die moderne Wirtschaft ist bestrebt, den Arbeitsertrag u.a. durch Vereinheitlichung der Fabrikate zu steigern. Gerade auf diesem Gebiet hat die Rationalisierung das gesamte Wirtschaftsleben von Grund auf umgestaltet. So passen z.B. die genormten Glühbirnen in alle elektrischen Lampen, Autoreifen unterschiedlicher Hersteller auf die Felgen des entsprechenden Formats.

> **Merke:**
>
> Unter **Standardisierung** sind alle Maßnahmen zu verstehen, die der Vereinheitlichung von Erzeugnissen, Baugruppen oder Einzelteilen dienen.

Gliedert man die Standardisierungsmaßnahmen nach der **Zunahme produktionswirtschaftlicher Vorteile**, so kann man unterscheiden in

- Teilefamilienfertigung,
- Normung,
- Baukastensystem und
- Typung.

(2) Teilefamilienfertigung

Bei der Teilefamilienfertigung sind die produktionswirtschaftlichen Vorteile des Unternehmens im Vergleich zu den anderen Einzelmaßnahmen relativ gering. Das Ziel beschränkt sich darauf, **ähnliche Teile** zusammenzufassen und sie als **ein** Los durch die Fertigungsstation zu schleusen. Ähnlichkeit bedeutet, dass die Teile in Bezug auf mindestens eine Eigenschaft gleich sind. Die „Gleichheit" kann sich z.B. auf die Form, ein Maß oder ein Verfahren beziehen.

- **Gleichheit der Form**

Verschiedene Teile besitzen die gleiche Form, z.B. zur Herstellung der Komponenten des Tisches (Querrohr, Längsrohr, Fußrohr) muss ein Vierkantrohr von einheitlich 30 x 30 mm auf unterschiedliche Längen abgesägt werden.

■ **Gleichheit des Maßes**

Unterschiedliche Teile müssen mit derselben Bohrung versehen werden.

■ **Gleichheit des Verfahrens**

Alle Teile durchlaufen denselben Fertigungsprozess, z.B. Brennen in einem Ofen.

In der Regel erfolgt die Fertigung auf derselben Apparatur mit denselben Werkzeugen, nur unter Verwendung eines anderen NC-Programms. Die nebenstehende Abbildung zeigt eine Teilefamilie an Gegengewichten, Kipp- und Schwinghebeln.[1]

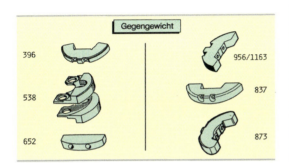
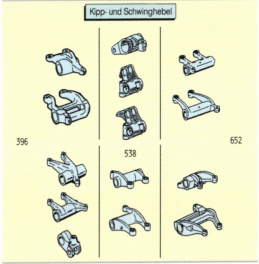

(3) Begriffe Normung und Normen und die Arten der Normen

■ **Begriff Normung**

> **Merke:**
>
> **Normung** ist die allgemein anerkannte Vereinheitlichung von Maßen, Formen, Begriffen, Herstellungsverfahren usw. für **Einzelteile** (z.B. Schrauben).

Die Normung fördert die Rationalisierung und Qualitätssicherung in Wirtschaft, Technik, Wissenschaft und Verwaltung und dient einer sinnvollen Ordnung und der Information auf dem jeweiligen Normungsgebiet. Daneben können von der Normung Anstöße zur Qualitätsverbesserung ausgehen.

Die Ergebnisse der Normungsarbeit in Deutschland sind **„Deutsche Normen"**. Sie werden vom **Deutschen Institut für Normung e.V.** Berlin, unter dem Zeichen **DIN** herausgegeben. Das Deutsche Normenwerk ist in der DIN 820 festgelegt.

■ **Begriff Normen**

> **Merke:**
>
> **Normen** sind nach einem vorgegebenen Verfahren aufgestellte und dokumentierte technische Bestimmungen oder Regeln für die Herstellung, Beschaffenheit, Verwendung, Bezeichnung, Kontrolle und den Vertrieb von Sachgütern und Dienstleistungen.

---

1 Quelle: Rück, Stückert, Vogel: CIM und Logistik in Unternehmen, München 1992, S. 627.

Arten von Normen

Normen kann man nach den verschiedensten Gesichtspunkten einteilen. Nachstehende Tabelle gibt eine Übersicht.[1]

Arten der Normen		
nach dem Umfang ihrer Anwendung	nach dem Gebiet der Normen	
	Grundnormen	Fachnormen
Verbandsnormen nationale Normen internationale Normen	Formelzeichen (z. B. π) Bezeichnungen (z. B. Kesselturbine, Spezialturbine) Formate (z. B. Papierformate wie DIN A4: Geschäftsbrief, DIN A6: Geschäftspostkarte) Gewindetoleranzen, Passungen	im Bauwesen (z. B. Beschläge) im Straßenbau im Brückenbau für Büromöbel im Lokomotivbau usw.

Erläuterungen:

- **Verbandsnormen** werden von Verbänden und Vereinen in Form von Richtlinien und Vorschriften entwickelt.

  Beispiel:
  Der Verband der Elektrotechnik (VDE) erarbeitet DIN-VDE-Normen für die Sicherheit in der Elektrotechnik.

- **Nationale Normen** werden von nationalen Vereinen, in der Bundesrepublik Deutschland vom **Deutschen Institut für Normung (DIN)** erarbeitet.

  Beispiel:
  Einheitliche Papierformate. Die Größe DIN A4 ist immer genau 21 cm breit und 29,7 cm lang.

- **Internationale Normen** werden in den einzelnen Staaten erst wirksam, wenn sie von den jeweiligen nationalen Normenausschüssen übernommen werden.

  Beispiel:
  Auf europäischer Ebene arbeitet u.a. das Europäische Komitee für Normung (CEN), auf weltweiter Ebene die ISO (International Organization for Standardization). Z.B. Verschlüsselung von Zeichen im Rahmen von Datenübertragungen (E-Mail, Internet).

Europäische Normen

Europäische Normen gewinnen mit dem Zusammenwachsen Europas zunehmend an Bedeutung. Mit der Einführung europäischer Normen werden die einzelstaatlichen Regelungen nicht aufgehoben. Die Rechtsangleichung auf der Ebene der Gemeinschaft greift nur ausnahmsweise da ein, wo die Ziele der einzelstaatlichen Gesetze nicht gleich sind.

Merke:

Eine **Norm im Sinne der EU** ist eine schriftliche technische Beschreibung, die die Merkmale eines Erzeugnisses wie z.B. Leistung, Sicherheit, Abmessungen usw. festlegt.

---
[1] Vgl. auch Kapitel 6.4.4, S. 134ff.

> **Beispiel:**
>
> Greifen wir die Produktgruppe elektrische Haushaltsgeräte heraus. Die technische Sicherheit erfordert, dass die Stromleitung ein drittes Kabel enthält, das mit der Erde verbunden wird. Bevor die Kommission gesetzgeberisch tätig wird, muss sie prüfen, ob alle 27 Mitgliedstaaten ein drittes Kabel vorschreiben. Ist dies der Fall, bedarf es keiner Rechtsangleichung. Ist dies nicht der Fall, so wird sich der EU-Gesetzgeber darauf beschränken, ein drittes Kabel gemeinschaftsweit vorzuschreiben. Er wird aber nicht vorschreiben, ob der dritte Steckerstift rund oder rechteckig sein, ob er sich in der Mitte oder an der Seite des Steckers befinden soll.

Es werden also nur grundlegende Anforderungen in Form von allgemeinen Schutzvorschriften verbindlich vorgeschrieben. Die Regelung von Einzelheiten wird den **europäischen Normeninstitutionen** überlassen.

Die **Schaffung von europäischen Normen** ermöglicht

- **erweiterte Märkte** (größerer Absatz, Stückkostensenkung aufgrund des Gesetzes der Massenproduktion),
- **niedrigere Entwicklungskosten** der einzelnen Hersteller,
- **erleichterte Zusammenarbeit** zwischen den europäischen Unternehmen und
- **bessere Beschaffungsmöglichkeiten** in Europa.

■ Vorteile der Normung

- Die **Beschaffung von Ersatzteilen** (z. B. bei Maschinen oder Autos) wird erleichtert.
- Die **Konstruktion neuer Produkte** wird erleichtert, weil bereits genormte Lösungen für Einzelteile vorliegen (z. B. Schrauben, Muttern, Ventile).
- Die **Arbeitszeit wird verkürzt,** da den Arbeitskräften die Normteile geläufig sind.
- Die **Verkleinerung des Lagers** wird ermöglicht, weil eine Beschränkung auf weniger Teile möglich ist. Damit sinken Lagerhaltungskosten und Lagerrisiko.
- Die Normung der Qualitäten führt zu **Qualitätsverbesserungen.**
- Dem Käufer wird der **Einkauf wesentlich erleichtert.** Der Käufer vertraut bei einem Produkt mit einem DIN-Zeichen darauf, dass die sich aus der Norm ergebende Produkteigenschaft und Qualitätsanforderung vorhanden ist und überwacht wird.

(4) Baukastensystem

> **Merke:**
>
> Beim **Baukastensystem** setzen sich die Produkte aus Bausteinen zusammen. Bausteine werden dazu genutzt, verschiedene Produkte aufgrund von Baumusterplänen herzustellen.

Der Gefahr des Nachfragerückgangs bei zu starker Typenbeschränkung begegnet die Industrie durch Einführung des Baukastensystems (z. B. bei langlebigen Gebrauchsgütern wie Autos, Waschmaschinen, Fernsehgeräten, Rundfunkgeräten usw.). Hier werden einzelne Baugruppen vereinheitlicht, um sie dann wahlweise kombinieren zu können.

> **Beispiel:**
>
> Eine Automobilfabrik stellt Autos mit drei Motoren mit (A) 1,2 Liter, (B) 1,5 Liter und (C) 1,7 Liter her. Es werden zwei Arten von Karosserien gebaut, nämlich (I) Limousine und (II) Cabrio. Die Farben sind (a) blau, (b) grau und (c) grün. Alle übrigen Teile sind für sämtliche hergestellten Automobile gleich.
>
> Die Beschränkung auf wenige Baugruppen ermöglicht dennoch, durch Kombination den verschiedenen Kundenwünschen entgegenzukommen. Wie die nachstehende Darstellung der Verbindungsmengen zeigt, haben die Kunden eine Auswahl zwischen 18 Kombinationen.
>
>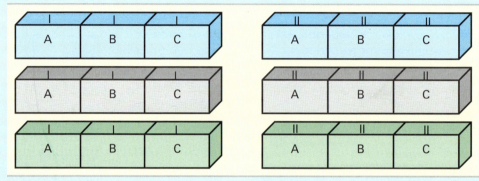
>
> **Aufgabe:**
> Welche Motoren- und Farbkombinationen bei Limousinen und Cabrios können den Kunden angeboten werden?

Lösung:

Limousinen		Cabrios	
Motor	Farbe	Motor	Farbe
1,2 Liter	blau	1,2 Liter	blau
1,2 Liter	grau	1,2 Liter	grau
1,2 Liter	grün	1,2 Liter	grün
1,5 Liter	blau	1,5 Liter	blau
1,5 Liter	grau	1,5 Liter	grau
1,5 Liter	grün	1,5 Liter	grün
1,7 Liter	blau	1,7 Liter	blau
1,7 Liter	grau	1,7 Liter	grau
1,7 Liter	grün	1,7 Liter	grün

(5) Typung

■ **Begriff und Zweck**

> **Merke:**
>
> Unter **Typung** versteht man die **Vereinheitlichung** von **Endprodukten**. Typen sind **gleichartige Produkte,** die sich in Einzelheiten unterscheiden können.

Zweck der Typung (oder Typisierung) ist die Konzentrierung der Nachfrage auf wenige Produkte, um zur Großserien- oder Massenfertigung übergehen zu können. Diese Aussage lässt sich am Beispiel der Autoindustrie verständlich machen. Die Herstellung individueller Autos ist teuer, weil der Fixkostenanteil sehr hoch ist. Kann jedoch durch Normung der Einzelteile, durch Baukastensystematik und durch Beschränkung auf wenige „Typen" zur großen Serie übergegangen werden, verbilligt sich der einzelne Wagen. Dadurch erhöht sich der Absatz.

Umgekehrt kann auch steigende Nachfrage die Typisierung beschleunigen.

■ Arten der Typung

Man unterscheidet zwischen **betrieblicher** und **überbetrieblicher Typung**. Bei der betrieblichen Typung beschränkt sich ein einzelner Hersteller auf wenige „typische" Produkte. Überbetriebliche Typung liegt vor, wenn sich mehrere Hersteller zusammenschließen, um die Herstellung bestimmter Typen gleichartiger Erzeugnisse unter sich aufzuteilen, etwa Heizkessel verschiedener Größen (Typenkartell).

■ Vorteile und Nachteile der Typung

Vorteile der Typung	Nachteile der Typung
■ Verkleinerung des Sortiments bzw. Erzeugnisprogramms. Dadurch werden z.B. Produktionskosten, Lagerhaltungskosten und Lagerrisiken gesenkt; ■ Vereinfachung des Rechnungswesens und damit ■ genauere Kalkulation; ■ einprägsame Werbewirkung durch Schaffung von Markenartikeln.	■ Bei zu weit geführter Typenbeschränkung können die Kunden das Produkt ablehnen, weil es ihren individuellen Wünschen nicht entgegenkommt. Dies gilt vor allem für Konsumgüter. Mit zunehmender Typenbeschränkung steigt also das Absatzrisiko. ■ Die Typung kann zur geschmacklichen Verarmung führen. ■ Mangelnde Anpassungsfähigkeit an Nachfrageänderungen wegen der in der Fertigung eingesetzten Spezialmaschinen bzw. -automaten.

3.3.2.3 Eigenfertigung oder Fremdbezug (Make or Buy)

Die Entscheidung zwischen Eigenfertigung und Fremdbezug (Outsourcing) ist zum einen eine strategische und zum anderen eine operative Planungsentscheidung.

■ Die **strategische Planungsentscheidung** ist langfristig angelegt und wird bereits im Rahmen der Produktentwicklung gefällt. Indem der Konstrukteur die Materialart und die Toleranzen in der Bearbeitungsgenauigkeit festlegt, bestimmt er bereits über die Fertigungstechnologie. Verlässt er bei der Wahl des Werkstoffs die Materialien, mit denen der Betrieb umzugehen gewohnt ist (z.B. Stoßstange aus Kunststoff statt aus Metall), ergibt sich zwangsläufig die Frage, ob die erforderliche Fertigungskapazität auch vorhanden ist.

Konstrukteure entwickeln die Produkte der Zukunft und arbeiten daher auch an der Zukunft des Unternehmens. Andererseits sind sie in ihrer Gestaltungsfreiheit nicht ungebunden. Sie müssen bestrebt sein, die geplante Funktionalität mit dem günstigsten Werkstoff und der günstigsten Fertigungstechnik herzustellen. Daher sind es in der Regel Konstrukteure, Fertigungstechniker, Einkäufer und Mitarbeiter des Rechnungswesens, die als Team bei der Entwicklung neuer Produkte zusammenarbeiten. So ist sichergestellt, dass alle technischen und kaufmännischen Gesichtspunkte ausreichend berücksichtigt werden.

- Die **operative Planungsentscheidung** für eine Eigenfertigung bzw. den Fremdbezug ist kurzfristig ausgerichtet und hängt insbesondere von der jeweiligen Beschaffungssituation ab. Ist beispielsweise Eigenfertigung geplant, die Kapazitätsgrenze jedoch erreicht, dann wird die Unternehmensleitung, um die kurzfristige Lieferbereitschaft bei den Erzeugnissen zu sichern, einen Wechsel zum Fremdbezug vornehmen. Bei geringer Auslastung der vorhandenen Kapazität wird die Unternehmensleitung dagegen versuchen, kurzfristig vom Fremdbezug zur Eigenfertigung zu wechseln.

Grundsätzlich kann man jedes Erzeugnis selbst fertigen bzw. kaufen. Die Entscheidung fällt in der Regel nicht aufgrund eines kurzfristigen Kostenvorteils, sondern aufgrund längerfristiger, **strategischer Fragestellungen,** wie z. B.:

- Wodurch kann sich das eigene Unternehmen technologisch von den übrigen Wettbewerbern unterscheiden?
- Inwieweit trägt eine Baugruppe bzw. eine Leistungskomponente dazu bei, Kundennutzen zu schaffen und damit einen Wettbewerbsvorteil zu erringen?
- Kann der Lieferant Forschungs- und Entwicklungsarbeit übernehmen?
- Entstehen durch den Bezug Abhängigkeiten vom Lieferanten?
- Wird durch die Fremdfertigung dem Zulieferer ein Know-how geliefert, das selbst nur schwer und teuer aufzubauen oder zu halten ist?

Zusammenfassung

- Alle Maßnahmen zur Verbesserung der bestehenden Zustände bezeichnet man als **Rationalisierung.**
- **Ziele** der Rationalisierung:
    - **technisch:** – Steigerung der mengenmäßigen Ergiebigkeit bzw. der Erzeugnisqualität
        - Verringerung des Faktoreinsatzes bei gleichbleibender Leistung
    - **kaufmännisch:** – Senkung der Faktorpreise
        - Erhöhung des Umsatzes
        - Erhöhung des Gewinns bzw. Minderung des Verlusts
    - **organisatorisch:** – Verbesserung der Aufbau- und Ablauforganisation des Unternehmens
    - **soziologisch:** – Verbesserung des Zusammenwirkens der Menschen
    - **ökologisch:** – Produktion umweltgerechter Produkte
- Zu den Einzelmaßnahmen der Rationalisierung gehört die **Standardisierung** von Erzeugnissen mit dem Ziel, die Anzahl gleichartiger Arbeitsabläufe zu erhöhen.

■ **Beispiele für Standardisierungsmaßnahmen:**

Teilefamilien-fertigung	Erfassung von **ähnlichen Teilen**. Ähnlichkeit bedeutet, dass Teile in Bezug auf mindestens eine Eigenschaft gleich sind (z. B. Form, Maß, Fertigungsverfahren). In der Regel erfolgt die Herstellung auf derselben Apparatur mit denselben Werkzeugen, aber unterschiedlichen NC-Programmen.	**Zunahme produktionswirtschaftlicher Vorteile** und gleichzeitig **Abnahme absatzwirtschaftlicher Vorteile,** da hiermit die Variantenvielfalt und damit die individuelle Bedarfsdeckung abnimmt.
Normung	**Vereinheitlichung von Einzelteilen** in Bezug auf Abmessungen, Materialeigenschaften. Die Reichweite von Normen bezieht sich auf das Unternehmen (Werksnorm), einen Verband (Verbandsnorm, VDE), ein Land (nationale Norm, DIN) oder weltweit (internationale Norm, ISO).	
Baukasten-systematik	**Vereinheitlichung von Baugruppen,** die sich zu verschiedenen Endprodukten kombinieren lassen. Voraussetzung ist die Normung der Passstellen.	
Typung	**Vereinheitlichung des Produktganzen.**	

■ **Vorteile der Standardisierung:**
  ■ Einsparung von Konstruktionskosten;
  ■ Verringerung der Rüstkosten;
  ■ Tendenz zur Verwendung von Spezialmaschinen und einheitlichen Werkzeugen;
  ■ Tendenz zum Einsatz angelernter und ungelernter Arbeitskräfte;
  ■ Vereinfachung des Bestellwesens, da Teilevielfalt abnimmt;
  ■ günstigere Einkaufsbedingungen, da wenige Varianten und mehr gleichartige Teile;
  ■ Vereinfachung der Fertigungsplanung und -steuerung;
  ■ Einsatz kostengünstigerer Fertigungsverfahren.

■ **Eigenfertigung oder Fremdbezug** (Make or Buy) ist nicht nur eine operative Frage (z. B. Höhe der Kosten, Erhalt der Lieferbereitschaft), sondern auch eine Fragestellung von längerfristiger, strategischer Natur.

Übungsaufgabe

8 Die Chlorer GmbH kann durchschnittlich im Monat 4000 Einheiten Elektromotoren herstellen. Die fixen Kosten belaufen sich auf monatlich 1 Mio. EUR, die variablen Kosten auf 120,00 EUR je Produktionseinheit. Die Unternehmensberatung Klever & Partner meint, dass das bisherige Fertigungsverfahren veraltet sei und durch ein moderneres ersetzt werden müsse. Die fixen Kosten des neuen Verfahrens liegen 15 % über denen des bisherigen. Die variablen Kosten des neuen Verfahrens sind jedoch 50 % niedriger als die des alten Verfahrens.

Aufgaben:

1. Nennen Sie Gründe, die für den Ersatz einer alten Anlage durch eine neue sprechen können!

2. Ermitteln Sie, ob sich für die Chlorer GmbH rein rechnerisch der Ersatz der alten Anlage durch die neue lohnt!

3. Die Chlorer GmbH plant weitere Rationalisierungsmaßnahmen. Gedacht wird an eine Vervollständigung des Baukastensystems.

   3.1 Erklären Sie das Baukastenprinzip an einem selbst gewählten Beispiel!

   3.2 Stellen Sie dar, welchen Vorteil das Baukastenprinzip hat!

4. Häufig sind Normung und Typung wichtige Rationalisierungselemente.

   4.1 Beschreiben Sie diese beiden Rationalisierungselemente an einem selbst gewählten Beispiel!

   4.2 Nennen Sie Vor- und Nachteile der Typung!

3.3.3 Ganzheitliche Rationalisierungskonzepte

3.3.3.1 Just-in-time-Konzeption[1]

(1) Begriff *von Toyota eingeführt*

Merke:

> Die **Just-in-time-Konzeption** ist eine marktorientierte Unternehmenskonzeption mit der Zielsetzung, rasch und flexibel auf die sich schnell ändernde Nachfrage reagieren zu können. Eine solche Flexibilität setzt voraus, dass die betrieblichen Fertigungsanlagen so beschaffen sind, dass eine nachfragebedingte Änderung des Produktionsprogramms binnen kurzer Frist möglich ist.

Die Anwendung des Just-in-time-Prinzips ist nur möglich, wenn die gesamte Unternehmensorganisation auf den **Absatzmarkt ausgerichtet** ist. Mit der fortschreitenden Entwicklung auf dem Gebiet der Fertigungsflexibilisierung wird der Unternehmensführung ein Instrumentarium in die Hand gegeben, das es erlaubt, relativ kurzfristig und in einer weiten Variationsbreite auf die sich ändernden Nachfrageentwicklungen einzugehen.

Durch die bedarfs- und zeitnahe Produktion der nachgefragten Produktvarianten bzw. -mengen können die Lagerbestände sehr stark reduziert werden. In letzter Konsequenz besitzt ein nach dem Just-in-time-Prinzip gestaltetes Unternehmen überhaupt keine Lagerbestände (theoretischer Grenzfall).

Der Abbau von Lagerbeständen, insbesondere auch von Roh-, Hilfs- und Betriebsstoffen, Vorprodukten und Handelswaren bedingt die Einrichtung eines fertigungssynchronen Beschaffungssystems. Die Lieferer müssen absolut zuverlässig sein.

Das Just-in-time-Prinzip verlangt jedoch nicht nur eine absolut pünktliche Bereitstellung (Lieferung) der Werkstoffe (und auch der Betriebsmittel), sondern auch ein zuverlässiges Qualitätsmanagement (S. 130 ff.) und leistungsfähige elektronische Informations- und Kommunikationssysteme.

(2) Problematik der Just-in-time-Konzeption

Bei zahlreichen Werkstoffen, Vorprodukten und Handelswaren ist die fertigungssynchrone Beschaffung nicht oder wenigstens nicht in ihrer extremen Anwendung durchführbar, weil die Vorlieferer ihre Produktion nicht an dem schwankenden Bedarf der Abnehmer

---

[1] Just in time (engl.): gerade rechtzeitig.

ausrichten können oder wollen. Sie streben aus **kosten- und beschäftigungspolitischen Gründen** selbst eine kontinuierliche Produktion an. Des Weiteren können **technische Gegebenheiten** eine Anpassung an Nachfrageschwankungen verhindern. So benötigt z. B. ein Kohlekraftwerk – je nach Dauer der Stillstandszeit – zwei bis sieben Stunden Anlaufzeit. Auch **natürliche Bedingungen** können die Produktionsmengen bestimmen (z. B. die Jahreszeiten in der Landwirtschaft, Bauwirtschaft, der Fremdenverkehrswirtschaft).

Die Just-in-time-Konzeption wird auch dann erschwert, wenn die Anlieferung der Werkstoffe und Waren durch Lastkraftwagen erfolgt. Verspätungen durch Staus verteuern letztlich die Anlieferung. Aus ökologischen Gesichtspunkten heraus ist die „Verlegung der Lager auf die Straße" wegen der damit verbundenen Umweltbelastung abzulehnen.

3.3.3.2 Lean Production

(1) Begriff und Merkmale der Lean Production

■ **Begriff Lean Production**

> **Merke:**
>
> **Lean Production**[1] ist die konsequente Ausrichtung von Produktionsprozessen am **ökonomischen Prinzip**. Wichtigstes Ziel ist das Streben nach **Kostenminimierung** durch **Aufdecken von Unwirtschaftlichkeiten**.

■ **Merkmale der Lean Production**

Merkmale der schlanken Produktion sind:

- die Produktionsdauer wird verkürzt;
- Personal wird abgebaut, d. h., die Personalkosten sinken;
- Lagerhaltungskosten nehmen ab;
- durch die Verlagerung der Vorproduktion auf andere Werke und Länder nimmt die Bedeutung der Just-in-time-Anlieferung zu.

(2) Instrumente der Lean Production

Das im Rahmen der Lean Production verfolgte Ziel, einen verschwenderischen Einsatz von Ressourcen in allen Bereichen der Leistungserstellung zu vermeiden, spiegelt sich in den eingesetzten Instrumenten wider. Wichtige Instrumente der Lean Production sind z. B.

Instrumente der Lean Production	Erläuterungen
Sofortige grundlegende Fehlerbeseitigung	Die Fehler werden bis zur Verursachungsquelle verfolgt, um ein wiederholtes Auftreten des gleichen oder eines ähnlichen Fehlers zu vermeiden.
Vereinfachung des Werkzeugwechsels	Durch eine Vereinfachung und infolgedessen eine Beschleunigung des Werkzeugwechsels werden Rüstkosten eingespart.

---
[1] Lean Production: schlanke Produktion.

Instrumente der Lean Production	Erläuterungen
Vorbeugende Instandhaltung der Produktionsanlagen	Die Anlagen werden ständig vorbeugend instandgehalten, um aufwendige Reparaturarbeiten und damit verbunden einen längeren Produktionsausfall zu vermeiden. Dies ist besonders wichtig, wenn vom Unternehmen das Just-in-time-Konzept zugrunde gelegt wird, da dieses Konzept einen reibungslosen Materialfluss voraussetzt.
Förderung der Leistungsfähigkeit der Mitarbeiter	Die Leistungsfähigkeit der Mitarbeiter kann durch Schulungsmaßnahmen, Erfolgsbeteiligung der Mitarbeiter, Prämienzahlung an die Mitarbeiter für Verbesserungsvorschläge erhöht werden.

(3) Lean Management

Lean Management ist eine aus Japan stammende Unternehmensphilosophie zur Unternehmensführung und bedeutet das Weglassen aller überflüssigen Arbeitsgänge in der Produktion und in der Verwaltung (Lean administration) durch eine intelligentere (besser durchdachte) Organisation. Lean Management ist somit eine Weiterentwicklung der Lean Production zu einem **funktionsübergreifenden Führungskonzept**. Es strebt nach optimaler Befriedigung der Kundenwünsche durch Kostensenkung, Steigerung der Produktqualität und hohe Serviceleistungen.

Im Mittelpunkt dieser erweiterten Auffassung von Lean Production – dem **Lean Management** – stehen

- flache Hierarchien sowie **Eigenverantwortung** und **Teamarbeit** verbunden mit einer hohen Qualifikation und Motivation aller Mitarbeiter,
- starke **Kundenorientierung** in allen Unternehmensbereichen,
- kontinuierlicher Verbesserungsprozess **(Kaizen)**[1] und **Total Quality Management (TQM)**[1] sowie
- enge Zusammenarbeit mit den Lieferanten verbunden mit **Simultaneous Engineering**[2] und produktionssynchroner Anlieferung **(Just-in-time-Anlieferung)**.

Merke:

Lean Management ist ein Managementsystem, das **Serienprodukte** und **Dienstleistungen** mit ungewohnt **niedrigen Kosten** in **vorzüglicher Qualität** ermöglicht.[3]

(4) Merkmale des Lean Managements

■ **Eigenverantwortung und Teamarbeit**

Ein wichtiger Erfolgsfaktor liegt einerseits in der besonderen Bedeutung, die den Mitarbeitern im gesamten Wertschöpfungsprozess eingeräumt wird, und andererseits in der gezielten Anwendung von **Gruppenarbeit** auf allen Unternehmensebenen.

Durch die ausgeprägte **Delegation von Aufgaben** an einzelne Mitarbeiter bzw. Gruppen ergeben sich viel **flachere Hierarchien** als bei den herkömmlichen Organisationsstruktu-

---

1 Siehe Ausführungen S. 63.
2 **Simultaneous Engineering:** Parallel geschaltete Entwicklung von Produkten und den benötigten Produktionsmitteln. Ziel ist die Verkürzung der Entwicklungszeit für neue Produkte sowie die Senkung der Kosten. Vgl. S. 65.
3 Vgl. Thommen, Jean-Paul; Achleitner, Ann-Kristin: Allgemeine Betriebswirtschaftslehre. Umfassende Einführung aus managementorientierter Sicht, 4., überarbeitete und erweiterte Auflage, Wiesbaden 2003, S. 842f.

ren. Die einzelnen Arbeitsgruppen erfüllen ihre Aufgaben weitgehend eigenverantwortlich. An die einzelnen Mitglieder werden **hohe Qualifikationsanforderungen** gestellt. Jedes Mitglied muss alle weitgehend standardisierten Teilaufgaben der Gruppe bis hin zur Wartung der Maschinen zuverlässig erledigen können und bereit sein, sich laufend weiterzubilden.

Jede Gruppe hat einen **Gruppenleiter,** der die Verantwortung dafür trägt, dass

- die Arbeitsprozesse in der Gruppe reibungslos unter Beachtung des Zeittakts organisiert werden,
- die Arbeitsteilung und Entlohnung gerecht ist,
- die Auswahl der Gruppenmitglieder zweckmäßig erfolgt und
- ein hoher Qualitätsstandard gesichert wird.

Neben der Gruppenarbeit an sich hat sich als weiterer Vorteil des Lean Managements die **offene Kommunikation zwischen den Arbeitsgruppen** (auch über die wenigen Hierarchiestufen hinweg) erwiesen, da zahlreiche Aufgabenstellungen und Projekte team- bzw. bereichsübergreifend zu bearbeiten sind.

■ Kundenorientierung

Die Kundenorientierung ist ein wichtiges Element des Lean-Management-Ansatzes. Allerdings wird die Kundenorientierung beim Lean-Management-Konzept nicht nur unter dem Aspekt der Kundenwünsche gesehen, sondern auch unter dem Aspekt der Kundennähe.

Produziert (bzw. eine Dienstleistung erbracht) wird nur, wenn ein **Kundenbedarf** gegeben ist. Eine Produktion aus anderen Gesichtspunkten, z. B. zur Auslastung der Maschinen, erfolgt nicht und damit wird z. B. unverkäufliche Lagerware vermieden.

Neben **regelmäßigen Kundenbefragungen** hinsichtlich ihrer Zufriedenheit mit Produkt und Händler ist hier der direkte Kontakt zwischen Managern und Ingenieuren des Unternehmens und Kunden selbstverständlich. Durch den direkten Kontakt werden die im Markt auftretenden Probleme sofort analysiert und einer Lösung zugeführt.

Da Fehler trotz Total Quality Management nicht völlig ausgeschlossen werden können, soll ein **umfangreicher Kundenservice** selbst aus reklamierenden noch zufriedene Kunden machen.

■ Kaizen und Total Quality Management

Die Gestaltungsspielräume der Teams liegen insbesondere darin, standardisierte Aufgaben permanent infrage zu stellen, in kleinen Schritten zu ändern und in diesem Sinn Problemlösungen zu entwickeln. Dieser **kontinuierliche Verbesserungsprozess (Kaizen)**[1] kann mit seinem Streben nach Perfektion als eine weitere Stärke der Lean-Management-Konzeption angesehen werden.

Die durch Kaizen erzielbaren **Ergebniswirkungen** konzentrieren sich dabei nicht nur auf die beiden Erfolgsfaktoren Zeit und Kosten, sondern führen ferner zu einer Verbesserung der Produktqualität. Konkreter Ausdruck hierfür sind geringere Fehler-, Ausschuss- und Nacharbeitsquoten, eine Reduzierung von Reklamationen, ein geringerer Anteil an Sonderverkäufen und geringere technische Änderungen.

Zur Sicherung beziehungsweise Verbesserung des Qualitätsstandards wird im gesamten Fertigungsbereich ein **Total Quality Management (TQM)**[2] durchgeführt, das bereits bei

---
1 Kaizen ist eine japanische Philosophie und bedeutet Verbesserung in kleinen Schritten, Ausführungen hierzu auf S. 140.
2 Vgl. hierzu die Ausführungen auf S. 138f.

der Planung von Produkten und Prozessen **Qualitätsmängel verhindern** und auftretende Mängel **schnellstmöglich beseitigen** soll. Aus diesem Grund ist jeder Mitarbeiter zu jeder Zeit befugt, bei Auftreten eines Fehlers das Fließband unverzüglich zu stoppen, die aufgetretene Störung schnellstmöglich zu beseitigen und deren Ursachen zu analysieren.

Je früher die notwendige Korrektur erfolgt, desto leichter ist sie möglich und desto niedriger sind die erforderlichen Beeinflussungskosten.

■ Intensive Lieferantenbeziehungen

Noch enger als mit den Kunden werden beim Lean Management die Beziehungen zu den Lieferanten gestaltet. Diese Beziehungen unterscheiden sich in vielerlei Hinsicht von den traditionellen Geschäftsbeziehungen:

Traditionelles Management	Lean Management
ständige Preisverhandlungen mit vielen Lieferanten	langfristige Partnerschaften mit wenigen Lieferanten
Kostenüberwälzung Hersteller/Zulieferer	Preisgestaltung unter Berücksichtigung beidseitiger Gewinninteressen
Einkauf als abgeleitete Unternehmensfunktion	strategisches Beschaffungsmanagement
viele Zulieferer/große Teilevielfalt	Systemlösungen
Technikzentrierung/Vernachlässigung der Kundenorientierung	Einbindung des Lieferanten und Kundennähe
nach Serienlauf zahlreiche Änderungswünsche	weniger Änderungen durch Simultaneous Engineering
verzögerte Informationspolitik	intensiver Informationsaustausch
Qualitätskontrollen nach Liefereingang	durchgehendes Qualitätsmanagement bereits beim Lieferanten
schwankende Abrufe in Losen	produktionssynchrone (Just-in-time-)Beschaffung
bürokratische Kontakte	transparente Spielregeln, gegenseitiger Einblick in die Datenstände
gegenseitiges Abgrenzungs-/Konkurrenzverhalten	Lieferantenförderung, -pflege und -entwicklung

Das Lean Management konzentriert sich somit auf das wettbewerbsentscheidende Kerngeschäft. Kostenintensive Randbereiche der Produktion (z.B. Pflege des Maschinenparks) werden nach außen verlagert **(Outsourcing)**. Wegen der dadurch bedingten geringen Fertigungstiefe konzentriert sich die Beschaffung auf vergleichsweise **wenige Lieferanten**. Diese liefern dann zumeist **ganze Komponenten** und koordinieren ihrerseits die Zulieferungen für die von ihnen benötigten Teile.

Die Zusammenarbeit mit den Zulieferern ist dabei von Anfang an **auf lange Sicht angelegt** und beginnt in der frühen Startphase einer Modellentwicklung, sodass der Einfluss des Lieferanten auf Funktionen, Qualitäten und Kosten maximal ist. Die Hersteller-Zulieferer-Beziehungen gehen sogar so weit, dass der Hersteller Einblick in die Produktionsstrukturen des Zulieferers erhält. Ziel bei dieser Vorgehensweise ist es, die gesamte **Prozesskette** des Zulieferers zu optimieren und die daraus resultierenden Kostenvorteile untereinander aufzuteilen.

Die intensivste Zusammenarbeit zwischen dem schlanken Unternehmen und seinen Lieferanten ist das sogenannte **Simultaneous Engineering**. Durch eine gemeinsame, parallel geschaltete Entwicklung der Produkte können Zeit- und Kostenvorteile realisiert werden. Dabei werden Experten der Lieferanten über die gesamte Lebenszeit des Produkts (im beiderseitigen Interesse) einbezogen.

Beispiel:

Die Designer eines „schlanken" Autoherstellers haben den Leuchten für ein neues Modell ein bestimmtes Aussehen gegeben. Der Zulieferer entwickelt nun in Zusammenarbeit mit dem Hersteller die kompletten Systemkomponenten „Beleuchtung" für das neue Modell und ist auch bei einem späteren Facelifting beteiligt.

3.3.3.3 Integrierte Aufgabendurchführung mithilfe elektronischer Informations- und Kommunikationssysteme am Beispiel des CIM-Konzepts

Ein zentrales Koordinierungsinstrument in einem modernen Industriebetrieb zur funktionsübergreifenden und integrierenden Informationsverarbeitung ist das sogenannte **Computer Integrated Manufactoring-Konzept (CIM-Konzept)**. Es ist durch folgende Merkmale gekennzeichnet:

- Unter CIM versteht man Bestrebungen zur Rationalisierung und Automatisierung unter Benutzung von Computern. CIM beschreibt den **integrierten EDV-Einsatz** in allen mit der Produktion zusammenhängenden Betriebsbereichen.
- **Integration** unter Einsatz von Computern bedeutet abteilungsübergreifende Nutzung und Verarbeitung gemeinsamer Datenbestände. Von jedem Arbeitsplatz kann auf die Informationen/Daten zugegriffen werden, die für die Bearbeitung benötigt werden. Durch die Integration ist sichergestellt, dass an allen Stellen mit dem gleichen Aktualitätsgrad der Informationen/Daten gearbeitet wird.
- CIM umfasst zwei zentrale Bereiche. Da ist zum einen der **betriebswirtschaftlich-technische Bereich** und zum anderen der **technische Anwendungsbereich.**

Erläuterungen zum CIM-Konzept (siehe Abbildung S. 66):

CAD	Unter **C**omputer **A**ided **D**esign versteht man computerunterstütztes Konstruieren. Das Zeichenbrett wird hier durch den Bildschirm ersetzt.
CAQA	Die **C**omputer **A**ided **Q**uality **A**ssurance umfasst alle Verfahren zur computergestützten Qualitätssicherung und Qualitätskontrolle.
CAP	Mit dem **C**omputer **A**ided **P**lanning werden Arbeitsvorgaben – insbesondere Arbeitsgänge und Arbeitspläne – erstellt.
CAM	Unter **C**omputer **A**ided **M**anufacturing versteht man die Anwendung des Computers im Bereich der Maschinensteuerung und der automatischen Materialversorgung.
AMH	Das **A**utomated **M**aterial **H**andling steuert den Materialfluss zwischen den einzelnen Fertigungsstationen.

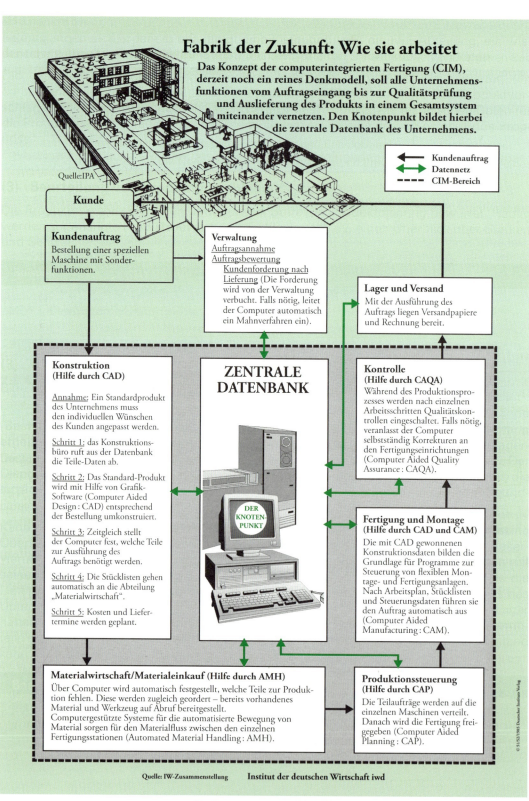

Rechnergesteuerte Fabrik

Zusammenfassung

Ganzheitliche Rationalisierungskonzepte

Just-in-time-Konzeption

Die erforderlichen Produktvarianten bzw. -mengen werden bedarfs- und zeitnah produziert bzw. beschafft. Dadurch werden die Lagerbestände sehr stark reduziert.

Voraussetzungen:

- Ausgefeiltes Informationssystem nicht nur innerhalb des Unternehmens, sondern auch zu den Lieferanten
- Hohe Zuverlässigkeit der Lieferanten
- Gut funktionierendes Qualitätsmanagement

Lean Production[1]

Lean Production ist das Zusammenwirken aller Bereiche eines Unternehmens in einem optimal abgestimmten Prozess. Die Konzeption erfordert eine ganzheitliche Betrachtungsweise des Unternehmens und nicht eine isolierte Verschlankung einzelner Teilbereiche.

Kennzeichen:

- Konsequente Kundenorientierung, d. h. schnelle, flexible Anpassung an spezielle Kundenwünsche
- Hohe Produktqualität
- Hohe Innovationsgeschwindigkeit
- Konkurrenzfähige Preise
- Kurze Lieferfristen
- Enge Kooperation der betrieblichen Aufgabenbereiche
- Integration der externen Partner in den betrieblichen Informationsfluss
- Besondere Organisationsformen wie z. B. Teamarbeit
- Ausgeprägte Kommunikations- und Informationsmöglichkeiten
- Übertragung von Verantwortung auf untere Hierarchieebenen
- Konzentration auf Wertschöpfung

CIM-Konzepte

Im Rahmen eines CIM-Konzepts werden die ursprünglich isolierten Bausteine des CAD, CAE, CAP, CAM, CAQ und der Betriebsdatenerfassung (BDE) in eine geschlossene Konzeption eingebettet. Eine unternehmensweite Datenbank stellt für alle Unternehmensbereiche die erforderlichen Informationen bedarfsgerecht zur Verfügung.

---

1 Vgl. IfaA: Lean Production, Köln, 1992.

Übungsaufgaben

9
1. Erläutern Sie Vor- und Nachteile der Just-in-time-Konzeption für Abnehmer und Zulieferer!
2. Erklären Sie, welche „Social costs" durch die Verwirklichung der Just-in-time-Konzeption entstehen können! (Social costs sind Kosten, die nicht der Verursacher trägt, sondern die Allgemeinheit z. B. Verschmutzung der Umwelt, Lärm, Unfälle.)
3. Beschreiben Sie die Aussage der nachstehende Karikatur!

Quelle: Bundeszentrale für politische Bildung (Hrsg.), Zeitlupe Nr. 18: Neue Technologien, Bonn 1986, S. 16 ff.

10 Textauszug:

„… Kein Zweifel: Die ‚rechnergesteuerte Fertigung' verändert Schritt für Schritt die Arbeit in den Fabriken. Heute herrscht noch die **Massenproduktion** vor. Weil es sehr viel Geld kostet, bis ein **Fließband** mit allen dazugehörigen Maschinen eingerichtet ist, werden auf diesen ‚Fertigungsstraßen' dann sehr große Mengen des gleichen Produkts hergestellt. Soll hingegen ein Einzelstück, zum Beispiel ein sehr spezielles Werkzeug, gebaut werden, muss dies – wie in Urväterzeiten – weitgehend in Handarbeit geschehen. Wenn sich in Zukunft die **Roboter** per Knopfdruck ohne großen zusätzlichen Aufwand programmieren lassen, wird es hingegen möglich sein, auch einzelne Stücke **automatisiert** zu produzieren. Gerade deshalb ist diese Entwicklung zur ‚flexiblen Automatisierung' auch für die deutsche Industrie von großem Interesse. Denn eine ihrer Stärken ist der Maschinen- und Anlagenbau, bei dem die Kleinserienfertigung Vorrang hat.

Weil die neuen Techniken ganze Arbeitsabläufe automatisieren, gehen traditionelle Arbeitsplätze verloren. Dennoch ist die ‚Fabrik der Zukunft' keine Geisterfabrik, in der Computer und Roboter den Menschen vollständig verdrängt haben. Denn es bleibt eine große Zahl von Aufgaben, die auf absehbare Zeit nur der Mensch erfüllen kann. Dabei zeichnet sich ab, dass die verbleibende Arbeit vielgestaltiger und verantwortungsvoller, kurz, interessanter wird. Denn die Roboter übernehmen vor allem die ‚Jobs', in denen einfache und eintönige Handgriffe zu verrichten waren. Dafür entstehen neue Arbeitsplätze, zum Beispiel in den Bereichen Forschung und Entwicklung, Überwachung und Instandhaltung …"

Aufgaben:
1. Erklären Sie kurz die fett gedruckten Begriffe!
2. Erläutern Sie, welche sozialen Folgen der Automatisierung im Text angesprochen werden!
3. Erklären Sie, warum der „flexiblen Automatisierung" eine große Bedeutung zugemessen wird!

11 Textauszug:

> „... Lean Production fordert den ganzen Menschen, sein Wissen, sein Können und seine Identifizierung mit dem Unternehmen. Er soll nicht nur arbeiten, sondern mitdenken ...
> Die Autoren einer Studie versprechen Europas Massenproduzenten, bei einer Umstellung ihrer Fertigung auf Lean Production könne dieselbe Menge mit weniger als der Hälfte der gegenwärtigen Mitarbeiter erarbeitet werden. Für Gewerkschaften muss dies schlicht eine Horrorvision sein, schon gar in einer Zeit, in der eine weltweite Rezession ohnehin Arbeitsplätze massenweise vernichtet."

Aufgaben:
1. Nennen Sie wichtige Merkmale der Lean Production!
2. Nennen Sie Vor- und Nachteile, die die Lean Production für die Arbeitnehmer hat!

12 Im Bauunternehmen Stehlin KG in Neuhausen wird zurzeit viel über notwendige Rationalisierungsmaßnahmen gesprochen.

Aufgaben:
1. Erklären Sie, was unter Rationalisierung zu verstehen ist!
2. Erläutern Sie an zwei selbst gewählten Beispielen, welche Ziele die Stehlin KG mit ihren Rationalisierungsmaßnahmen anstreben kann!

13 Ein Waschmaschinenhersteller ist von der Leistungsfähigkeit des Lean-Management-Konzepts überzeugt und plant das Reengineering (die Umstrukturierung) der Unternehmensorganisation.

Aufgaben:
1. Erläutern Sie, welche Besonderheiten der Lean-Management-Ansatz aufweist!
2. Formulieren Sie ein Unternehmensleitbild, das den Gedanken des Lean Managements widerspiegelt!
3. Beschreiben Sie, durch welche Merkmale die Organisation eines Unternehmens mit Lean Management gekennzeichnet ist!

4 Produktionsprozessplanung

4.1 Prozesse der Produktionsplanung und Produktionssteuerung

Aufbauend auf dem vorab festgelegten Produktionsprogramm legt die **Produktionsprozessplanung** den Materialeinsatz, die zeitliche und örtliche Reihenfolge der Produktionsaufträge sowie die Kapazitätsbelegung fest. Im Rahmen der **Produktionsprozesssteuerung** erfolgt dann die endgültige Kapazitätsbelegung bzw. Arbeitsverteilung nach vorheriger Kontrolle der Materialverfügbarkeit.

Die Produktionsprozessplanung und -steuerung lassen sich in die folgenden **Teilprozesse** untergliedern.

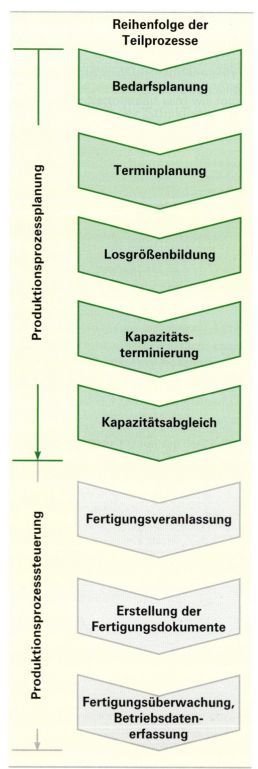

Kurzbeschreibung

Basis für die **Bedarfsplanung** sind die Primärbedarfe aufgrund der vorliegenden Kundenaufträge bzw. der Absatzprognosen. Für diese Bedarfe an verkaufsfähigen Einheiten müssen über die Stücklistenauflösung die Bedarfe an nachgeordneten Baugruppen bzw. Einzelteilen ermittelt werden. Je tiefer in der Erzeugnisstruktur eine Komponente positioniert[1] ist, desto früher muss mit deren Produktion begonnen werden, um den gewünschten Kundentermin einhalten zu können. Zur Mengenplanung gehört also auch eine **Terminplanung**, welche die erforderlichen Vorlaufverschiebungen berechnet.

Die dadurch gewonnenen Informationen, wann was in welcher Menge herzustellen ist, basieren noch auf den Mengen- und Zeitvorgaben der Kundenaufträge. Es ist aber unter Umständen sinnvoll, gleichartige Komponenten aus verschiedenen Kundenaufträgen zu einem Los zu bündeln, wenn dadurch Umrüstkosten eingespart werden können. Aus den Bedarfsreihen (Basis: Kundenaufträge) entstehen durch **Losgrößenbildung** also Losreihen (Fertigungsaufträge).

Im Rahmen der **Kapazitätsterminierung**[2] werden die vorhandenen Fertigungslose zeitlich präzise auf die verfügbaren Fertigungskapazitäten übertragen. Bei Engpasssituationen ist ein **Kapazitätsabgleich** (z. B. Verlagerung auf andere Maschinen) durchzuführen.

Mit der **Veranlassung des Fertigungsauftrags** beginnt die Phase der Produktionssteuerung. **Fertigungsdokumente** (Auftragsarbeitsplan, Auftragsstückliste usw.) begleiten den Fertigungsauftrag. Im Rahmen der **Fertigungsüberwachung** werden die **Betriebsdaten erfasst** (z. B. Arbeitszeit) und damit der Fertigungsfortschritt kontrolliert.

---

1 Position: Stellung, Lage.
2 Dargestellt wird nur die mittelfristige Terminplanung.

4.2 Bedarfsplanung

4.2.1 Bestandsarten

(1) Gliederung der Lagerbestände nach ihrer Verfügbarkeit

Eine wirkungsvolle Lagerbestandsführung beschränkt sich nicht darauf, nur jene Bestände zu führen, die tatsächlich auf Lager sind. Vielmehr bezieht sie in ihre Betrachtung auch künftige **Erwartungsdaten** (bestellte, aber noch nicht gelieferte Teile) und **Verpflichtungsdaten** (reservierte, aber noch nicht entnommene Teile) ein. Es gilt daher, zwischen folgenden Bestandsarten zu unterscheiden:

(Lager-)Bestandsarten	Erläuterungen
Effektiver Lagerbestand (ELB)	Das ist jene Menge, die tatsächlich körperlich am Lager vorhanden ist.
Sicherheitsbestand (SB)	Der Sicherheitsbestand dient dem Ausgleich von Unsicherheiten auf der Beschaffungsseite (z.B. bei Lieferungsverzug, Transportschaden), der Lösung von Problemen im eigenen Unternehmen (z.B. bei Ausschuss wegen falsch eingestellter Maschine) und/oder auf der Absatzseite (z.B. wegen unerwarteter Nachfrage).
Reservierter Bestand (RB)	Dieser Bestand befindet sich zwar tatsächlich am Lager, er ist aber bereits aufgrund von eingeplanten Kundenaufträgen reserviert und darf für weitere Aufträge nicht mehr berücksichtigt werden.
Verfügbarer Lagerbestand (VLB)	Dieser Lagerbestand kann **mit Sicherheit** für die Produktion verwendet werden. Er wird rechnerisch wie folgt ermittelt: $$VLB = ELB - SB - RB$$
Bestellbestand (BB)	Dieser Bestand wurde (für Fremdteile) beim Lieferanten oder (für Eigenteile) aufgrund eingeplanter Fertigungsaufträge im eigenen Unternehmen bereits geordert. Er ist aber noch nicht tatsächlich am Lager. Er steht jedoch für die künftige Disposition[1] bereits jetzt zur Verfügung.
Disponierbarer Lagerbestand (DLB)	Dieser Lagerbestand kann **mit hoher Wahrscheinlichkeit** für die Produktion verwendet werden. Er geht aus von dem verfügbaren Lagerbestand und bezieht die derzeitigen Bestellbestände, also die künftigen Zugänge aufgrund von Lieferbestellungen, mit ein. Der disponierbare Lagerbestand wird rechnerisch wie folgt ermittelt: $$DLB = ELB - SB - RB + BB$$

---

[1] Disposition: freie Verwendung; das Verfügenkönnen. Disponieren: verfügen.

(2) Verfeinerungsstufen der Lagerbestandsführung

Die Berechnung von Lagerbeständen wird im Folgenden anhand von drei Situationen dargestellt. Dabei wird so vorgegangen, dass die Situationen durch die Vorgabe von jeweils einer weiteren Lagerbestandsangabe immer komplexer werden.

■ **Situation I**

Beispiel:

Von der Komponente 210112 Querträger sind folgende Bestandswerte gegeben:
Effektiver Lagerbestand: 50 Stück
Sicherheitsbestand: 10 Stück

Aufgaben:
1. Berechnen Sie den verfügbaren und den disponierbaren Lagerbestand!
2. Stellen Sie den Sachverhalt grafisch dar!

Lösungen:

Zu 1.: Berechnung des disponierbaren Lagerbestands

Da keine Reservierungs- und Bestellbestände vorhanden sind, gilt:

$$VLB = ELB - SB - RB \qquad DLB = VLB + BB$$
$$VLB = 50 - 10 - 0 \qquad DLB = 40 + 0$$
$$VLB = \underline{\underline{40}} \qquad DLB = \underline{\underline{40}}$$

Ergebnis: Der verfügbare und der disponierbare Lagerbestand betragen jeweils 40 Stück.

Zu 2.: Grafische Darstellung

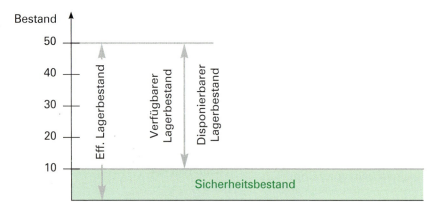

■ **Situation II**

Beispiel:

Neben dem effektiven Lagerbestand von 50 Stück und einem Sicherheitsbestand von 10 Stück ist noch ein reservierter Bestand von 20 Stück zu berücksichtigen.

Aufgaben:
1. Berechnen Sie den verfügbaren und den disponierbaren Lagerbestand!
2. Stellen Sie den Sachverhalt grafisch dar!

Lösungen:

Zu 1.: Berechnung des disponierbaren Lagerbestands

Es sind nur Reservierungs-, aber keine Bestellbestände vorhanden. Daher gilt:

VLB	=	ELB − SB − RB	DLB	=	VLB + BB
VLB	=	50 − 10 − 20	DLB	=	20 + 0
VLB	=	20	DLB	=	20

Ergebnis: Der verfügbare und der disponierbare Lagerbestand betragen jeweils 20 Stück.

Zu 2.: Grafische Darstellung

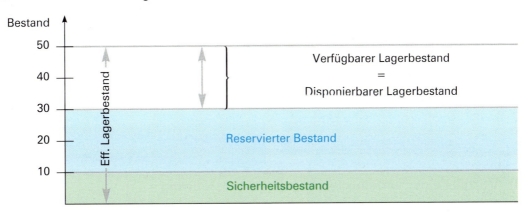

■ **Situation III**

Beispiel:

Zusätzlich zu den Daten von Situation I und II ist ein Bestellbestand von 30 Stück zu berücksichtigen.

Aufgaben:
1. Berechnen Sie den verfügbaren und den disponierbaren Lagerbestand!
2. Stellen Sie den Sachverhalt grafisch dar!

Lösungen:

Zu 1.: Berechnung des disponierbaren Lagerbestands

VLB	=	ELB − SB − RB	DLB	=	VLB + BB
VLB	=	50 − 10 − 20	DLB	=	20 + 30
VLB	=	20	DLB	=	50

Ergebnis: Der verfügbare Lagerbestand beträgt 20 Stück, der disponierbare Lagerbestand beträgt 50 Stück.

Zu 2.: Grafische Darstellung

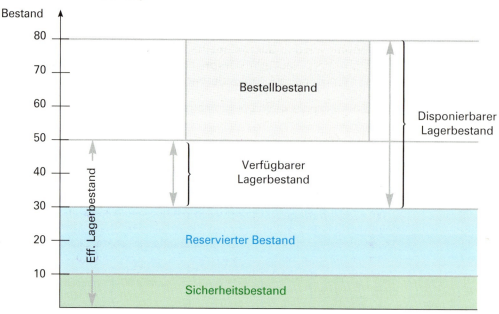

(3) Vorteile einer verfeinerten Lagerbestandsführung

Bitte beachten Sie: Es sind keine 80 Stück, sondern nach wie vor nur 50 Stück auf Lager.

Werden also zusätzlich zum **effektiven Lagerbestand** noch **künftige Erwartungsbestände (Bestellbestand)** und **Verpflichtungsbestände (Reservierungen)** berücksichtigt, dann ergeben sich für das Unternehmen massive Vorteile. Würden nämlich nur effektive Lagerbestände geführt, dann wäre dem Unternehmen der Blick in die Zukunft verschlossen. Der Disponent könnte bei einer Zusage an einen Kunden nur über jene Bestände verfügen, die tatsächlich vorhanden sind. Um dennoch einen hohen Servicegrad und Kundenfreundlichkeit zu erreichen, müssten erhebliche Bestände vorgehalten werden.

Kann der Disponent jedoch Liefererbestellungen, die noch nicht am Lager sind, in seine Überlegungen einbeziehen, dann kann er bereits über jene Bestellbestände durch Reservierung verfügen. Hat z. B. ein Betrieb durch entsprechende Rahmenvereinbarungen mit seinen Lieferanten sehr kurzfristige Lieferfristen ausgehandelt (kürzer jedenfalls als die Lieferfristen an die eigenen Kunden), dann führt dies im günstigsten Fall dazu, dass das Unternehmen nur noch effektive Bestände in Höhe der Sicherheitsbestände auf Lager haben muss. Für jede neue Kundenanforderung können nämlich die benötigten Fremdteile rechtzeitig zum Produktionsbeginn beschafft werden. Eine Unterdeckung im Bestand kann im Regelfall nicht auftreten.

> **Beachte:**
> Eine schlechte Informationsbasis und die damit einhergehende Unsicherheit muss immer durch einen „See von Beständen" ausgeglichen werden, was zwangsläufig zu einer höheren Kapitalbindung des Materials und zu höheren Investitionen in notwendige Lagerräume führt. Verbessert sich die Information und erlaubt sie gar einen Blick in die Zukunft, dann wird die Unsicherheit verringert. Der Unternehmer verfügt über ein präziseres Informationssystem und kann jene Bestände, die er zum Ausgleich der Unsicherheiten führte, einschränken.

4.2.2 Bedarfsarten

(1) Primärbedarf, Sekundärbedarf und Tertiärbedarf

Im Rahmen der Bedarfsplanung werden die Materialbedarfsmengen, die zur Auftragsabwicklung erforderlich sind, ermittelt. Nach dem **Ursprung des Bedarfs** und **der Erzeugnisebene** unterscheidet man in Primärbedarf, Sekundärbedarf und Tertiärbedarf.

Primärbedarf	Ausgangspunkt aller Mengenplanungen ist die Ermittlung des Primärbedarfs. Unter Primärbedarf versteht man die **Menge an verkaufsfähigen Gütern und Dienstleistungen** (Marktbedarf). Bei Ersatzteilaufträgen kann ein Primärbedarf auch für Baugruppen oder Einzelteile bestehen. (Beispiel: Ein Nutzfahrzeughersteller liefert an einen Wohnmobilhersteller das Grundfahrzeug ohne Aufbauten mit Kabine und Fahrwerk, auf welches dann das Wohnmobil montiert wird.)
	Datenbasis zur Ermittlung des Primärbedarfs sind vorliegende Kundenaufträge und/oder Vorgaben aus der Absatzplanung. Die Vorgaben aus der Absatzplanung betreffen in der Regel Standardprodukte. Die ausreichende Produktion von Standardprodukten versetzt das Unternehmen in die Lage, auftretende Kundenwünsche nach einem Erzeugnis „von der Stange" direkt aus dem Lagervorrat zu bedienen.
Sekundärbedarf	In der Regel besteht ein Enderzeugnis aus Komponenten (Baugruppen, Einzelteilen, Rohstoffen). Die zur Fertigung des Primärbedarfs erforderlichen **Komponenten** bezeichnet man als Sekundärbedarf. Der Sekundärbedarf wird aus den Stücklisten entnommen.
Tertiärbedarf	Dies ist der Bedarf an **Hilfs- und Betriebsstoffen,** der zwar zur Herstellung der Erzeugnisse benötigt wird, dessen Mengen aber nicht über die Stücklistenauflösung ermittelt werden können.

(2) Bruttobedarf und Nettobedarf

In aller Regel müssen nicht jeweils alle ermittelten Erzeugnisse und Komponenten hergestellt bzw. bezogen werden, da ein Teil von ihnen sich in aller Regel am Lager befindet. Gliedert man den Güterbedarf unter **Berücksichtigung der Lagerbestände,** so spricht man von Bruttobedarf und Nettobedarf.

Bruttobedarf	Dies ist der Bedarf einer Periode, der aufgrund der unterschiedlichen Verfahren der Bedarfsermittlung (siehe das nächste Kapitel 4.2.3, S. 76) als Primär-, Sekundär- und Tertiärbedarf berechnet wurde. Vorhandene Lagerbestände werden dabei nicht berücksichtigt. Der Bruttobedarf gibt an, wie viel von einer Komponente für die Herstellung der nächsthöheren Komponente zur Verfügung gestellt werden muss.
Nettobedarf	Er wird dadurch ermittelt, indem vom Bruttobedarf der disponierbare Lagerbestand abgezogen wird. Der Nettobedarf ist der Bedarf, der bei Eigenteilen durch entsprechende Fertigungsaufträge abgedeckt werden muss bzw. bei Fremdteilen zu Beschaffungsaufträgen führt.

4.2.3 Bedarfsermittlung

4.2.3.1 Verfahren der Bedarfsermittlung

Bei der Bedarfsermittlung unterscheidet man drei Verfahren:

■ **Bedarfsgesteuerte Bedarfsermittlung**

Bei dieser Form der Bedarfsermittlung liefern die vorliegenden Kundenaufträge und die lt. Absatzplan vorgesehenen Vorratsaufträge die Mengenvorgaben. Der so festgelegte Primärbedarf wird in einem weiteren Verfahren anhand von Stücklisten über alle Stufen aufgelöst. Dadurch sind auch die Sekundärbedarfe deterministisch ermittelt. Die bedarfsgesteuerte Bedarfsermittlung setzt in ihrer Planung somit die Kenntnis über die künftige Leistungserstellung voraus. Sie richtet folglich den Blick in die Zukunft.

■ **Verbrauchsgesteuerte Bedarfsermittlung**

Die verbrauchsgesteuerte Bedarfsermittlung hingegen richtet den Blick in die Vergangenheit. Datenbasis zur Bedarfsermittlung sind die Verbrauchswerte aus den früheren Perioden und keine konkreten Einzelaufträge. Mithilfe statistischer Verfahren werden aus den Vergangenheitswerten zukünftige Bedarfe vorhergesagt. Dieses Verfahren wird insbesondere angewandt beim Tertiärbedarf, da dieser ohne Bezug zum Produktionsprogramm ermittelt wird. Unsicherheiten, die mit diesem Verfahren verbunden sind, werden dadurch aufgefangen, dass entsprechende Sicherheitsbestände im Lager eingeplant werden.

■ **Bedarfsermittlung durch Schätzung**

Liegen keine Erfahrungswerte aus der Vergangenheit vor – insbesondere bei Neuentwicklungen –, dann muss der künftige Bedarf geschätzt werden. Dies geschieht jedoch nicht willkürlich. Entweder werden über Analogschätzungen die Verbrauchswerte für vergleichbare Erzeugnisse auf andere übertragen oder – im Fall der Intuitivschätzung[1] – greift der Disponent[2] auf seine langjährige Erfahrung zurück.

4.2.3.2 Bruttobedarfsrechnung

Bei der Bruttobedarfsermittlung wird der Primärbedarf über alle Stücklistenpositionen auf die nachgeordneten Komponenten (Sekundärbedarf) heruntergerechnet. Die jeweils ermittelten Mengen ergeben, wie viel Stück jeweils zum Einbau in die nächsthöhere Komponente bereitgestellt werden müssen. Da bei der Bruttobedarfsrechnung keine Lagerbestände berücksichtigt werden, schlagen die Bedarfsmengen in voller Höhe nach unten durch. Der Bruttobedarf der nächsttieferen Komponente ergibt sich jeweils aus dem Bruttobedarf der übergeordneten Komponente multipliziert mit der Menge lt. Stückliste.

---

1 Intuition: Eingebung, (plötzliches) ahnendes Erfassen.
2 Disponent: Verwalter. Es handelt sich um einen Mitarbeiter, der den Mengenbedarf (z.B. an Rohstoffen) festlegt.

Beispiel:

Aufgrund eines vorliegenden Kundenauftrags (A 1005) über 200 Arbeitstische soll der Bruttobedarf über alle Stücklistenstufen hinweg ermittelt werden. Der Bruttobedarf an Schrauben (Teilenummer 202111) von 2400 Stück ermittelt sich aus dem Bruttobedarf der Arbeitstische (200 Stück lt. Kundenauftrag) multipliziert mit der Menge lt. Stückliste, mit denen die Schrauben im Tisch enthalten sind (12).

Aufgabe:

Berechnen Sie den Bruttobedarf für alle Komponenten des Arbeitstisches!

Lösung:

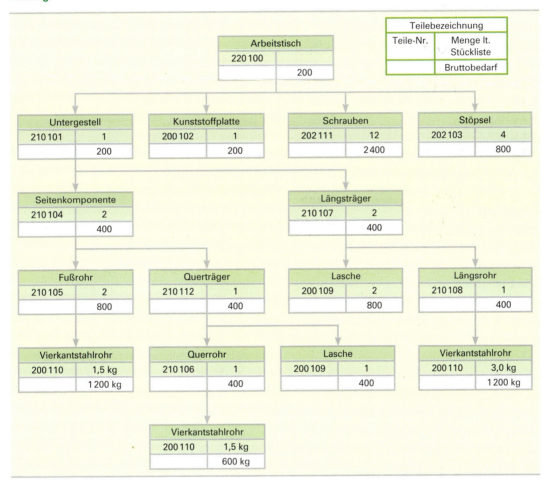

Erläuterung:

Aus der Grafik ist die Erzeugnisstruktur zu erkennen. Je Komponente werden die Teilebezeichnung, die Teilenummer und die Bedarfsmenge für eine Einheit der übergeordneten Komponente aufgeführt. Damit kann dann stufenweise der Bruttobedarf für jede Position ermittelt werden.

4.2.3.3 Nettobedarfsrechnung

(1) Beispiel für eine Nettobedarfsrechnung (Arbeitstisch, Schrauben, Stöpsel)

Da das Unternehmen in der Regel über Bestände an Halb- und Fertigerzeugnissen verfügt, muss nicht jeweils die volle Bruttomenge, die bereitgestellt werden muss, auch erzeugt werden. Der Nettobedarf wird wie folgt ermittelt:

Merke:

Bruttobedarf = Nettobedarf der übergeordneten Komponente · Stücklistenmenge

Nettobedarf = Bruttobedarf − disponierbarer Lagerbestand

Beispiel:

Ausgehend vom Beispiel auf S. 77 mit einem Kundenauftrag über 200 Stück wird unterstellt, dass bei den Arbeitstischen noch ein disponierbarer Lagerbestand von 50 Stück vorhanden ist. Bei den Schrauben sind noch 10000 Stück und bei den Stöpseln noch 200 Stück vorhanden.

Aufgabe:

Berechnen Sie den Nettobedarf aller Komponenten des Arbeitstisches!

Lösung am Beispiel Schrauben und Stöpsel:

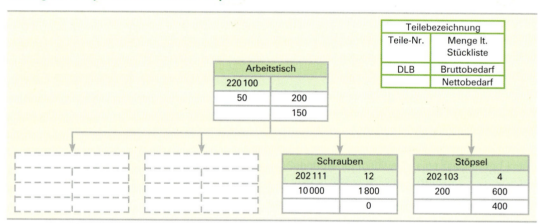

Erläuterungen:

Für den Arbeitstisch gilt folgende Berechnung:

Bruttobedarf: gegeben lt. Kundenauftrag

Nettobedarf: Bruttobedarf − disponierbarer Lagerbestand
200 − 50 = 150

Für den Stöpsel gilt folgende Berechnung:

Bruttobedarf: Nettobedarf des Tisches · Stücklistenmenge
150 · 4 = 600

Nettobedarf: Bruttobedarf − disponierbarer Lagerbestand
600 − 200 = 400

Für die Schrauben gilt folgende Berechnung:

Bruttobedarf: Nettobedarf des Tisches · Stücklistenmenge
150 · 12 = 1 800

Nettobedarf: Da der disponierbare Lagerbestand (10 000 Stück) größer ist als der Bruttobedarf, entsteht kein Nettobedarf, der produziert bzw. gekauft werden müsste.

> **Merke:**
>
> Der **Nettobedarf** ist kein vorhandener Bestand, sondern im Grunde ein Fehlbestand, der durch Fertigungsaufträge oder Lieferantenbestellungen auszugleichen ist.

(2) Nettobedarfsrechnung für den vollständigen Arbeitstisch

Um den Nettobedarf für den Arbeitstisch (die vollständige Struktur) zu ermitteln, muss der disponierbare Lagerbestand für alle Positionen gegeben sein. Der nachfolgenden Tabelle kann für alle Komponenten der disponierbare Lagerbestand (rechte Spalte) entnommen werden.

ELB:	Effektiver Lagerbestand	SB:	Sicherheitsbestand
RB:	Reservierter Bestand	VLB:	Verfügbarer Lagerbestand
BB:	Bestellbestand	DLB:	Disponierbarer Lagerbestand

Teile-Nr.	Bezeichnung	ELB	RB	BB	SB	VLB	DLB
220 100	Arbeitstisch	200	100	0	50	50	50
210 101	Untergestell	100	50	20	20	30	50
200 102	Kunststoffplatte	50	40	70	10	0	70
202 103	Stöpsel	500	300	50	50	150	200
210 104	Seitenkomponente	50	50	110	10	− 10	100
210 105	Fußrohr	500	300	0	50	150	150
210 106	Querrohr	10	0	0	10	0	0
210 107	Längsträger	200	250	250	50	− 100	150
210 108	Längsrohr	100	390	350	50	− 340	10
200 109	Lasche	400	700	350	20	− 320	30
200 110	Vierkantstahlrohr	1 000	1 250	550	100	− 350	200
202 111	Schrauben	12 000	8 000	7 000	1 000	3 000	10 000
210 112	Querträger	100	150	80	10	− 60	20

Anmerkung (am Beispiel des Längsträgers):

Obwohl nur 200 Stück tatsächlich auf Lager sind und der Sicherheitsbestand auf 50 Stück festgelegt ist, sind für die Ausführung von Kundenaufträgen 250 Stück reserviert worden, daher beträgt der verfügbare Lagerbestand: 200 − 50 − 250 = − 100 Stück. Würde sich nichts ändern, dann könnten diese Aufträge nicht ausgeführt werden. Jedoch wurden bereits 250 Stück bestellt. Daher beträgt unter Einbeziehung dieses Erwartungsbestands der disponierbare Lagerbestand 150 Stück.

Lösung:

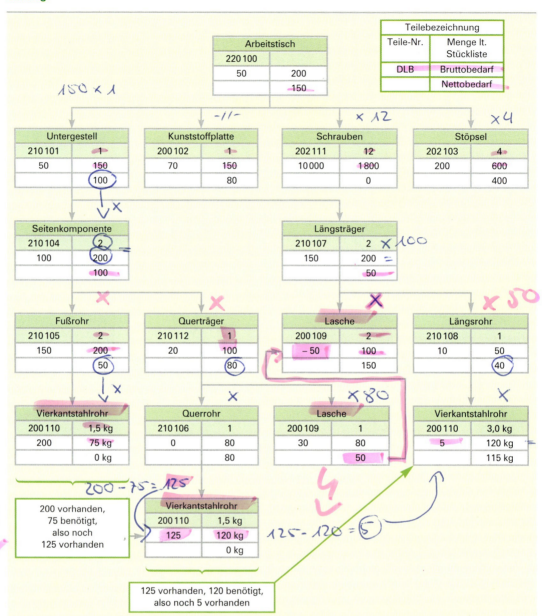

Zusammenfassung

- Man unterscheidet folgende **Bedarfsarten:**

  (1) Nach dem **Ursprung des Bedarfs** und der **Erzeugnisebene**
  - **Primärbedarf:** Menge an verkaufsfähigen Einheiten. Basis hierfür sind die vorliegenden Kundenaufträge und die Vorgaben aus der Absatzplanung.
  - **Sekundärbedarf:** Bedarf an nachrangigen Komponenten. Er wird ermittelt durch die Stücklistenauflösung.
  - **Tertiärbedarf:** Bedarf an Hilfs- und Betriebsstoffen.

Für die Schrauben gilt folgende Berechnung:

Bruttobedarf: Nettobedarf des Tisches · Stücklistenmenge
150 · 12 = 1 800

Nettobedarf: Da der disponierbare Lagerbestand (10 000 Stück) größer ist als der Bruttobedarf, entsteht kein Nettobedarf, der produziert bzw. gekauft werden müsste.

> **Merke:**
>
> Der **Nettobedarf** ist kein vorhandener Bestand, sondern im Grunde ein Fehlbestand, der durch Fertigungsaufträge oder Lieferantenbestellungen auszugleichen ist.

(2) Nettobedarfsrechnung für den vollständigen Arbeitstisch

Um den Nettobedarf für den Arbeitstisch (die vollständige Struktur) zu ermitteln, muss der disponierbare Lagerbestand für alle Positionen gegeben sein. Der nachfolgenden Tabelle kann für alle Komponenten der disponierbare Lagerbestand (rechte Spalte) entnommen werden.

ELB:	Effektiver Lagerbestand	SB:	Sicherheitsbestand
RB:	Reservierter Bestand	VLB:	Verfügbarer Lagerbestand
BB:	Bestellbestand	DLB:	Disponierbarer Lagerbestand

Teile-Nr.	Bezeichnung	ELB	RB	BB	SB	VLB	DLB
220 100	Arbeitstisch	200	100	0	50	50	50
210 101	Untergestell	100	50	20	20	30	50
200 102	Kunststoffplatte	50	40	70	10	0	70
202 103	Stöpsel	500	300	50	50	150	200
210 104	Seitenkomponente	50	50	110	10	– 10	100
210 105	Fußrohr	500	300	0	50	150	150
210 106	Querrohr	10	0	0	10	0	0
210 107	Längsträger	200	250	250	50	– 100	150
210 108	Längsrohr	100	390	350	50	– 340	10
200 109	Lasche	400	700	350	20	– 320	30
200 110	Vierkantstahlrohr	1 000	1 250	550	100	– 350	200
202 111	Schrauben	12 000	8 000	7 000	1 000	3 000	10 000
210 112	Querträger	100	150	80	10	– 60	20

Anmerkung (am Beispiel des Längsträgers):

Obwohl nur 200 Stück tatsächlich auf Lager sind und der Sicherheitsbestand auf 50 Stück festgelegt ist, sind für die Ausführung von Kundenaufträgen 250 Stück reserviert worden, daher beträgt der verfügbare Lagerbestand: 200 – 50 – 250 = – 100 Stück. Würde sich nichts ändern, dann könnten diese Aufträge nicht ausgeführt werden. Jedoch wurden bereits 250 Stück bestellt. Daher beträgt unter Einbeziehung dieses Erwartungsbestands der disponierbare Lagerbestand 150 Stück.

Lösung:

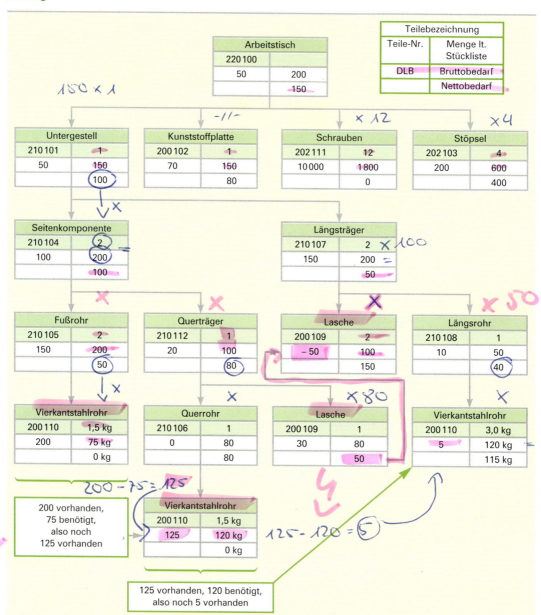

Zusammenfassung

- Man unterscheidet folgende **Bedarfsarten:**

  (1) Nach dem **Ursprung des Bedarfs** und der **Erzeugnisebene**
  - **Primärbedarf:** Menge an verkaufsfähigen Einheiten. Basis hierfür sind die vorliegenden Kundenaufträge und die Vorgaben aus der Absatzplanung.
  - **Sekundärbedarf:** Bedarf an nachrangigen Komponenten. Er wird ermittelt durch die Stücklistenauflösung.
  - **Tertiärbedarf:** Bedarf an Hilfs- und Betriebsstoffen.

(2) Gliederung des Bedarfs unter **Berücksichtigung der Lagerbestände**
- **Bruttobedarf:** Gesamter Primär-, Sekundär- und Teritärbedarf, der auf der jeweiligen Dispositionsstufe zur Verfügung gestellt werden muss.
- **Nettobedarf:** Bruttobedarf abzüglich Lagerbestand. Er muss durch Fertigungsaufträge (oder Beschaffungsaufträge) abgedeckt werden.

- Um die **Bedarfe** zu ermitteln, unterscheidet man folgende Verfahren:
  - **Bedarfsgesteuerte Bedarfsermittlung**
    Dieses Verfahren geht von fest bestimmten (determinierten) Mengen aufgrund von Kundenaufträgen oder Vorratsaufträgen aus. Der Blick ist in die Zukunft gerichtet.
  - **Verbrauchsgesteuerte Bedarfsermittlung**
    Der Blick richtet sich in die Vergangenheit und ermittelt mit statistischen Methoden auf der Basis früherer Verbrauchsmengen den voraussichtlichen Bedarf in der Zukunft.
  - **Bedarfsermittlung durch Schätzung**
    Bei fehlenden Erfahrungswerten wird der künftige Bedarf geschätzt.

- Die **Lagerbestandsführung** unterscheidet folgende Bestandsarten:
  - **Effektiver Lagerbestand:** Menge, die tatsächlich körperlich am Lager ist.
  - **Sicherheitsbestand:** Er steht für die normale Disposition nicht zur Verfügung und dient dem Ausgleich von Unsicherheiten.
  - **Reservierter Bestand:** Er befindet sich zwar am Lager, ist aber bereits für Kundenaufträge reserviert.
  - **Verfügbarer Bestand:** Effektiver Bestand − Sicherheitsbestand − Reservierter Bestand
  - **Bestellbestand:** Er befindet sich noch nicht am Lager, ist aber bereits beim Lieferanten (Fremdteile) oder im eigenen Betrieb (Eigenteile) geordert. Er kann in die Disposition einbezogen werden.
  - **Disponierbarer Bestand:** Verfügbarer Bestand + Bestellbestand

- Die **Bruttobedarfsermittlung** ermittelt – ausgehend vom Primärbedarf – über alle Stücklistenpositionen hinweg den Sekundärbedarf der nachgeordneten Komponenten. Er gibt an, wie viel Stück jeweils zum Einbau in die nächsthöhere Komponente bereitgestellt werden müssen. Lagerbestände werden nicht berücksichtigt.

- Die **Nettobedarfsermittlung** durchläuft je Stücklistenposition 2 Rechenschritte:
  - Bruttobedarf = Nettobedarf der übergeordneten Komponente · Stücklistenmenge
  - Nettobedarf = Bruttobedarf − disponierbarer Lagerbestand

- Der Nettobedarf ist ein Fehlbestand, der durch Fertigungsaufträge oder Lieferantenbestellungen ausgeglichen werden muss.

- Die Grafik auf S. 82 zeigt schematisch den **Ablauf der Brutto-Netto-Bedarfsermittlung.**
  - Datenbasis ist hierbei der Primärbedarf aufgrund vorliegender Kunden- bzw. aufgrund innerbetrieblich festgelegter Vorratsaufträge.
  - Dies ergibt in der Ausgangssituation den Bruttobedarf an verkaufsfähigen Einheiten.
  - Werden die disponierbaren Lagerbestände berücksichtigt, errechnen sich die Nettobedarfe.
  - Multipliziert man die Nettobedarfe mit der Stücklistenmenge der nächsttieferen Stufe, erhält man den Bruttobedarf der Folgestufe.
  - Der Zyklus der Brutto-Netto-Bedarfsermittlung wird so lange fortgesetzt, bis die unterste Ebene der Stückliste erreicht und abgearbeitet ist.

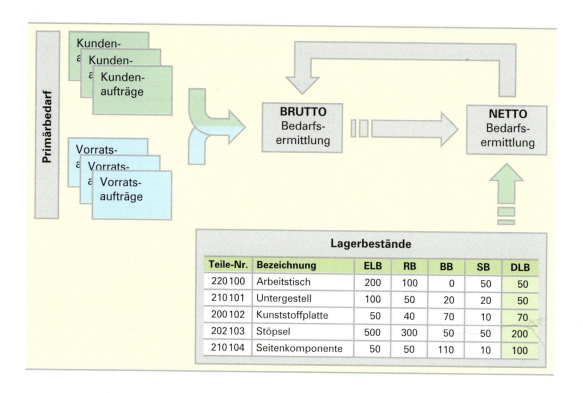

Übungsaufgaben

14
1. Erläutern Sie kurz die Begriffe Primärbedarf, Sekundärbedarf, Tertiärbedarf, Bruttobedarf, Nettobedarf!
2. Ordnen Sie die Verfahren der Bedarfsvorhersage nach der Verlässlichkeit der Vorhersagewerte! Begründen Sie kurz Ihre Entscheidung!
3. Erläutern Sie kurz die Begriffe effektiver Lagerbestand, Sicherheitsbestand, reservierter Bestand, Bestellbestand, verfügbarer Lagerbestand und disponierbarer Lagerbestand!
4. Ermitteln Sie für das Querrohr (Teilenummer 210106) die jeweils fehlenden Werte!

	Effektiver Lagerbestand	Sicherheitsbestand	Reservierter Bestand	Verfügbarer Lagerbestand	Bestellbestand	Disponierbarer Lagerbestand
4.1	1000	100	200	700	400	1100
4.2	500	200	100	200	100	300
4.3	800	100	400	300	300	600

5. Gegeben ist für das Querrohr die nachfolgende Ausgangssituation (oberste Datenzeile).

	Effektiver Lagerbestand	Sicherheitsbestand	Reservierter Bestand	Verfügbarer Lagerbestand	Bestellbestand	Disponierbarer Lagerbestand
	1000	100	200	700	400	1100
5.1	1000	100	400	500	400	900
5.2	1000	100	400	500	700	1200
5.3	800	100	200	500	700	1200
5.4	1100	100	200	800	400	1200
5.5	1100	300	200	600	400	1000

Aufgaben:

Schreiben Sie die Tabelle von 5. (S. 82) fort, wenn sich folgende Vorgänge nacheinander ereignen!

5.1 Für einen Kundenauftrag werden 200 Stück reserviert.

5.2 Aufgrund eines Fertigungsauftrags erwarten wir einen Lagerzugang von 300 Stück.

5.3 Die bereits in Aufgabe 5.1 reservierten 200 Stück werden dem Lager entnommen.

5.4 Die in Aufgabe 5.2 georderten 300 Stück werden eingelagert.

5.5 Aufgrund von Unsicherheiten im Rohstoffmarkt erhöhen wir den Sicherheitsbestand auf 300 Stück.

15 Die Möbelwerke Dortmund GmbH stellen unter anderem folgenden Gartenstuhl her:

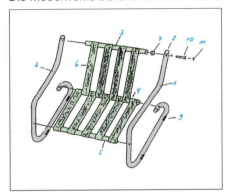

1, 2	Standrohre
3, 4, 5	Sitzrohre
6	Sitzband aus Kunststoff
7	Abstandhalter
8	Rohrkappe
9	Schutzkufe
10	Gewindeschraube
11	Abdeckkappe für Schraube

Ein Auftrag von Möbel Fritz Ungerer e.Kfm. über 300 Gartenstühle liegt vor.

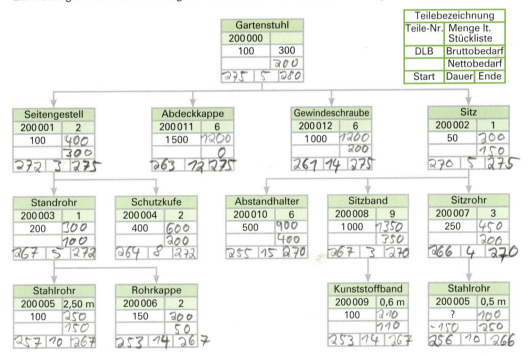

Aufgabe:

Führen Sie die Nettobedarfsrechnung unter Berücksichtigung der angegebenen disponierbaren Lagerbestände durch! (Zeiten sind nicht zu berücksichtigen.)

4.3 Produktionsterminplanung (Ermittlung der Vorlaufzeiten)

4.3.1 Aufgaben und Planungshorizonte der Produktionsterminplanung

(1) Aufgaben

Die Aufgabe für die Produktionsterminplanung besteht darin,

- einen gegebenen Bestand an Aufträgen,
- dessen Mengen und Endtermine bekannt sind,
- auf die vorhandenen Fertigungseinrichtungen

einzuplanen.

Der verantwortliche Sachbearbeiter hat das Problem, dass Aussagen über die verfügbaren Kapazitäten und über deren Inanspruchnahme aufgrund der möglichen Aufträge immer unsicherer werden, je weiter der Planungshorizont in die Zukunft reicht. Daher hat es sich bewährt, die Terminplanung in mehreren Stufen (Grob-, Mittel- und Feinplanung) mit jeweils zunehmendem Genauigkeitsgrad zu durchlaufen. Vergleichbar einem Autoscheinwerfer, der ein Objekt in der Ferne zunächst nur diffus[1] und dann mit zunehmender Fahrstrecke immer präziser erkennen lässt, so werden mit fortschreitendem Zeitablauf, d. h. mit jedem neuen Planungszyklus, die Terminfestlegungen immer konkreter.

(2) Planungshorizonte

Grobplanung	In dieser Phase werden vorhandene Kundenaufträge grob auf die Fertigungskapazitäten abgestimmt. Da in dieser Phase der Planungsaufwand möglichst gering gehalten werden soll und die Daten über Mengen und Termine noch unvollständig sind, erfolgt eine Terminfestlegung nur auf der Ebene der Enderzeugnisse, aber noch nicht für die nachgeordneten Komponenten.
Mittelfristige Planung	Die zweite Phase bezieht die Terminierung der Unterkomponenten mit ein. Sie setzt also voraus, dass Durchlaufzeiten für die Baugruppen und Teile bekannt sind.
Feinterminierung	In der dritten Phase werden die einzelnen Arbeitsvorgänge mit der Dauer ihrer Belegung laut Auftragsarbeitsplan auf die verschiedenen Maschinen und Arbeitsplätze zugeordnet.

Die nachfolgende Grafik veranschaulicht die Phasen der Produktionsterminplanung. Es ist auch zu erkennen, dass die Terminierung einen zyklischen Prozess darstellt, d.h., die Festlegungen im Rahmen der Feinplanung haben zur Folge, dass sie Auswirkungen auf die Grobplanung des nächsten Zyklus haben.

Endergebnis der Terminierung ist die Ermittlung der voraussichtlichen Durchlaufzeit. Konkurrierende Aufträge sind dabei noch nicht berücksichtigt. Stehen zwei oder mehrere

---
[1] Diffus: zerstreut, ungenau.

Aufträge an einer bestimmten Maschine zueinander in Konkurrenz, dann muss im Rahmen des Kapazitätsabgleiches eine Lösung gefunden werden (siehe Kapitel 4.5, S. 90f.).

4.3.2 Mittelfristige Terminplanung

(1) Grundsätzliches

Die Problematik der Terminierung wird exemplarisch an der mittelfristigen Terminplanung aufgezeigt.

Bei der mittelfristigen Terminplanung werden den einzelnen Komponenten des Erzeugnisses bestimmte Durchlaufzeiten zugeordnet. Diese Zeiten beruhen auf Durchschnittswerten und sind tagegenau festgelegt. Im Falle von **Eigenteilen** bezeichnen sie die **Fertigungszeit**, bei **Fremdteilen** die **Wiederbeschaffungszeit**.

(2) Strategie der Berechnung für das Beispiel Arbeitstisch

Teile-Nr.	Bezeichnung	Fertigungs- bzw. Wiederbeschaffungszeit (Tage)
220 110	Arbeitstisch	3
210 101	Untergestell	5
200 102	Kunststoffplatte	15
202 103	Stöpsel	9
210 104	Seitenkomponente	5
210 105	Fußrohr	7
210 106	Querrohr	6
210 107	Längsträger	8
210 108	Längsrohr	5
200 109	Lasche	10
200 110	Vierkantstahlrohr	12
202 111	Schrauben	10
210 112	Querträger	8

Um die Terminplanung in das bereits bekannte Schema der Brutto-Netto-Bedarfsrechnung integrieren zu können, wird für jede Position der Erzeugnisstruktur eine Datenzeile zur Verwaltung der Termine hinzugefügt.

In diesen Kästchen steht der Betriebskalendertag für den **Beginn**, die **Dauer** der **Fertigungs-** bzw. der **Wiederbeschaffungszeit** und das **Ende** dieser Tätigkeit. Hierbei handelt es sich um eine retrograde (rückwärts gerichtete) Terminbestimmung. Ausgehend vom Kundenwunschtermin für das Endprodukt wird Position für Position die Struktur vollständig durchgerechnet. Der Beginn für die Bearbeitung der übergeordneten Komponente entspricht jeweils dem spätest zulässigen Ende für die unmittelbar untergeordneten Komponenten.

> **Beispiel:**
>
> Wir erweitern unsere Betrachtung aus der Nettobedarfsrechnung und nehmen an, dass der Kundenauftrag A1005 über 200 Arbeitstische zum Betriebskalendertag 300 fertiggestellt sein muss (vgl. S. 78).

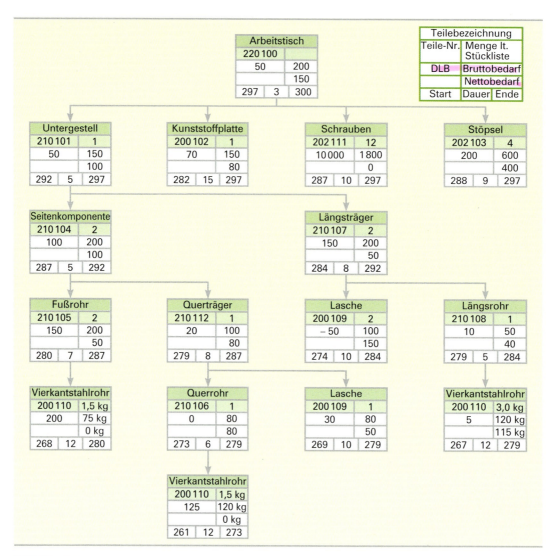

Erläuterung:

Die Terminplanung ergibt, dass mit der Endmontage des Arbeitstisches am Betriebskalendertag 297 begonnen werden muss, damit der Auftrag am Tag 300 fertiggestellt ist. Dies wiederum setzt voraus, dass alle unmittelbar nachgeordneten Komponenten (Untergestell, Kunststoffplatte, Schrauben und Stöpsel) ihrerseits am Tag 297 hergestellt bzw. beschafft sein müssen. Zieht man von diesem Endtermin (überall Tag 297) die jeweilige Dauer ab, dann erhält man die Anfangstermine für die jeweiligen Tätigkeiten.

Bei den über die Rückwärtsrechnung gewonnenen Terminen handelt es sich um **spätest zulässige Termine**. Dies hat sowohl positive als auch negative Konsequenzen:

- Nach Fertigstellung einer Komponente ist keine Zwischenlagerung erforderlich. An die Fertigstellung der Komponente schließt sich unmittelbar deren weitere Verarbeitung an. Diese Terminierung unterstützt somit wirkungsvoll das Bestreben nach minimalen Beständen und geringen Kapitalbindungskosten.

- Verzögerungen im Fertigungsablauf haben zwangsläufig Auswirkungen auf die nachgeordneten Fertigungsstufen. Da keine Zeitpuffer vorhanden sind, wirken sich diese letztlich auch auf den Endtermin aus. Eine solche Terminierung und Verzicht auf Puffer setzen also voraus, dass ein hohes Niveau an Fertigungsqualität im Rahmen eines Total Quality Managements (TQM) sichergestellt ist.

Die Brutto-Netto-Bedarfsrechnung erfolgt in der Regel zusammen mit der Ermittlung der Vorlaufverschiebung in einem einzigen Programmlauf eines Produktionsplanungs- und -steuerungssystems (PPS-System). Dieses wiederum kann Teilmodul einer umfangreichen integrierten Unternehmenssoftware sein. Die ermittelten Nettobedarfe und Termine beruhen jedoch noch ursächlich auf den Vorgaben der Kundenaufträge.

(3) Übergang von Bedarfen zu Losen (vom Kundenauftrag zum Fertigungsauftrag)

Der nachfolgende Kalender zeigt den Zusammenhang zwischen Betriebskalendertag (BKT) und Kalenderdatum.

Betrachten wir in der Grafik von S. 86 die Bedarfe an Laschen, so stellen wir fest, dass zum Betriebskalendertag 269 (11. Mai) ein Nettobedarf von 50 und zum Betriebskalendertag 274 (18. Mai) ein Nettobedarf von 150 Stück besteht.

	April						Mai						Juni			
Mo			12	248	26	258			10	268	24	278			7	288	21	298
Di			13	249	27	259			11	269	25	279			8	289	22	299
Mi			14	250	28	260			12	270	26	280			9	290	23	300
Do	1	241	15	251	29	261			13	271	27	281			10	291	24	301
Fr	2	242	16	252	30	262			14	272	28	282			11	292	25	302
Sa	3	–	17	–			1	–	15	–	29	–			12	–	26	–
So	4	–	18	–			2	–	16	–	30	–			13	–	27	–
Mo	5	243	19	253			3	263	17	273	31	283			14	293	28	303
Di	6	244	20	254			4	264	18	274			1	284	15	294	29	304
Mi	7	245	21	255			5	265	19	275			2	285	16	295	30	305
Do	8	246	22	256			6	266	20	276			3	286	17	296		
Fr	9	247	23	257			7	267	21	277			4	287	18	297		
Sa	10	–	24	–			8	–	22	–			5	–	19	–		
So	11	–	25	–			9	–	23	–			6	–	20	–		

Daraus ergibt sich folgende Bedarfsreihe:

Die Auswertung der Bedarfsreihe zeigt, dass das Unternehmen vor einem Dilemma steht. Die **getrennte, termingenaue Herstellung** der beiden Bedarfe führt zwar dazu, dass sie unmittelbar nach ihrer Fertigstellung auch weiterverarbeitet werden und damit die Lagerkosten entfallen. Jedoch fallen die auflagefixen Umrüstkosten zweimal an. Legt man dagegen die beiden Bedarfe zu einem einzigen Fertigungslos zusammen, dann muss die Herstellung dieses Loses von 200 Stück auf den 11.05. festgelegt werden. Die 50 Stück aus dem ersten Bedarf würden sofort zur Herstellung der Querträger weiterverarbeitet werden, während die 150 Stück des zweiten Bedarfs zwischengelagert werden müssten, und zwar vom 11.05. bis zum 18.05.

Es ist also zwischen der Einsparung von auflagefixen Umrüstkosten einerseits und zusätzlichen Lagerkosten andererseits abzuwägen.

4.4 Bündelung der Bedarfe zu Losen (optimale Losgröße)[1]

(1) Grundsätzliches

Die **Planung** der herzustellenden Produktarten und die damit verbundene Produktionsplanung ist **zunächst auftragsorientiert** ausgerichtet. Daher ist es möglich, dass z.B. zwei Aufträge für dasselbe Erzeugnis vorliegen, die von der Auftragszeit her an zwei getrennten Terminen herzustellen sind. Es ist also zu überlegen, ob diese beiden Aufträge nicht zu einem Los zusammengefasst werden sollten. Es tritt deshalb innerhalb der Produktionsplanung die Aufgabe auf, die **kostenoptimale Los-** bzw. **Auflagengröße** zu ermitteln.

(2) Berechnung der optimalen Losgröße

Zur rechnerischen Lösung dieses Problems gibt es unterschiedliche Programmalgorithmen. Einfachere Verfahren haben den Vorteil kürzerer Rechenzeiten, liefern aber zumeist nur ungenaue Ergebnisse. Aufwendigere Verfahren (z.B. der im Folgenden besprochene **Wagner-Whitin-Algorithmus**)[2] führen zwar zu korrekten Ergebnissen selbst bei unregelmäßigem Bedarf und gestaffelten Preisen, erfordern dafür aber einen erheblichen Rechenaufwand.

> **Beispiel:**
>
> Wir nehmen an, dass drei Kundenaufträge über Arbeitstische (A 1007, A 1009, A 1010) aufgelöst werden. Bezogen auf das Teil Querrohr ergibt sich jetzt folgende Bedarfsreihe.
>
> | Auftrag | A 1007 | A 1009 | A 1010 |
> |---|---|---|---|
> | Betriebskalendertag (BKT) | 251 | 271 | 282 |
> | Kalenderdatum | 15.04. | 13.05. | 28.05. |
> | Bedarf | 200 | 500 | 300 |
>
> Der Verrechnungspreis für ein Stück beträgt 20,00 EUR.
> Der Lagerkostensatz wurde mit 36 % ermittelt.
> Die auflagefixen Kosten betragen 100,00 EUR.
>
> **Aufgabe:**
> Ermitteln Sie aus der obigen Bedarfsreihe die kostengünstigste Reihe von Fertigungslosen!

---

[1] Das Grundkonzept dieser Problematik wurde bereits behandelt. Vgl. hierzu die Ausführungen auf S. 43ff.
[2] Algorithmus: Rechenvorgang, der nach einem bestimmten, sich wiederholenden Schema abläuft.

Lösung (auf der Basis des Wagner-Whitin-Algorithmus):

Die Lagerung von 1 Stück für 1 Jahr verursacht folgende Lagerkosten: 36 % von 20,00 EUR = 7,20 EUR. Dies bedeutet: Die Lagerkosten pro Tag und Stück betragen 0,02 EUR.

Alternative 1: Aus den drei Bedarfen werden drei Lose gebildet, die genau zu dem Zeitpunkt gefertigt werden, zu dem sie auch benötigt werden. Es entstehen keine Lagerkosten, dafür aber dreimal auflagefixe Kosten.

Alternative 2: Die ersten beiden Bedarfe werden zu einem Los gebündelt. Die auflagefixen Kosten verringern sich um 100,00 EUR. Dafür müssen jedoch die 500 Stück des 2. Bedarfs für 28 Tage (vom 15.04. – 13.05.) gelagert werden. Damit entstehen Lagerkosten in Höhe von

0,02 EUR pro Stück · 28 Tage · 500 Stück = 280,00 EUR

Alternative 3: Die zweiten beiden Bedarfe werden zu einem Los gebündelt. Die auflagefixen Kosten betragen 200,00 EUR. Dafür müssen jedoch die 300 Stück des 3. Bedarfs für 15 Tage (vom 13.05. – 28.05.) gelagert werden. Damit entstehen Lagerkosten in Höhe von

0,02 EUR pro Stück · 15 Tage · 300 Stück = 90,00 EUR

Alternative 4: Alle drei Bedarfe werden zu einem Los gebündelt. Die auflagefixen Kosten betragen 100,00 EUR. Dafür müssen jedoch die 300 Stück des 3. Bedarfs für 43 Tage (vom 15.04. – 28.05.) und die 500 Stück des 2. Bedarfs für 28 Tage gelagert werden. Damit entstehen Lagerkosten in Höhe von

0,02 EUR pro Stück · 28 Tage · 500 Stück = 280,00 EUR (Bedarf 1)

0,02 EUR pro Stück · 43 Tage · 300 Stück = 258,00 EUR (Bedarf 3)

Damit sind alle Kombinationsmöglichkeiten ausgeschöpft und es kann die Summe aus Auflagekosten und Lagerkosten ermittelt werden. Es ist zu erkennen, dass die **Alternative 3** die **kostengünstigste Variante** darstellt. Die Gesamtaufstellung der Kosten ist in der nachfolgenden Tabelle enthalten.

	Bedarf 1	Bedarf 2	Bedarf 3	Auflagekosten	Lagerkosten	Summe
Menge	200	500	300			
BKT	251	271	282			
Datum	15.04.	13.05.	28.05.			
Tage	28		15			
Alt. 1	200	500	300	300,00 EUR	0,00 EUR	300,00 EUR
Alt. 2	200 + 500	–	300	200,00 EUR	280,00 EUR	480,00 EUR
Alt. 3	200	500 + 300	–	200,00 EUR	90,00 EUR	290,00 EUR
Alt. 4	200 + 500 + 300	–	–	100,00 EUR	280,00 EUR + 258,00 EUR	638,00 EUR

> **Merke:**
>
> **Ziel der Losgrößenrechnung** ist die **Umwandlung der Bedarfsreihe,** die ihr Zeit- und Mengengerüst noch aus den Vorgaben des Kundenauftrags bezieht, in eine **Losreihe.** Die optimale Losreihe ist dann erreicht, wenn durch sie die Summe aus Lager- und Umrüstkosten minimiert wird.

(3) Fertigungsarbeitspläne und Feinterminierung der Fertigungsaufträge

Für diese Fertigungslose werden Fertigungsaufträge erstellt. Hierzu gehören auch **Fertigungsarbeitspläne.** Diese Fertigungsarbeitspläne enthalten die fertigungsbezogenen Vorgabezeiten für das Rüsten und Ausführen dieses Loses und geben somit Auskunft darüber, wie lange eine Arbeitsstation mit der Durchführung dieses Fertigungsauftrags belegt ist. Auf der Basis dieser Fertigungsarbeitspläne erfolgt die **Feinterminierung**[1] **(Kapazitätsterminierung)** der Fertigungsaufträge. Dabei wird exakt der Beginn und das Ende für die einzelnen Arbeitsgänge festgelegt. Da eine exakte Festlegung der Fertigungstermine sehr aufwendig ist, die Fertigungssteuerung in ein starres Zeitkorsett zwingt und ihr die Möglichkeit zur flexiblen Umstellungen raubt, verzichten insbesondere kleinere und mittelgroße Unternehmen auf die letzte Stufe der Fertigungsterminierung.

4.5 Kapazitätsbelegungsplanung[2] und Kapazitätsabgleich

(1) Vorgehensweise zum Kapazitätsabgleich

Die Kapazitätsbelegungsplanung führt die für die Fertigungsabwicklung erforderliche Belegung der maschinellen Anlagen durch. Ausgangspunkt für die Kapazitätsbelegungsplanung sind die **Kapazitätsbedarfsdaten je Fertigungslos.**[3] Werden diese addiert, so ergibt sich hieraus der gesamte **Kapazitätsbedarf je Arbeitssystem und Kapazitätsträgern** (z. B. Maschine, Zahl der Mitarbeiter) für einen bestimmten Zeitraum. Damit entsteht ein Belastungsprofil für die einzelnen Kapazitätsträger.

In der Kapazitätsbelegungsplanung werden anschließend der ermittelte Kapazitätsbedarf für alle Fertigungslose dem Kapazitätsangebot gegenübergestellt, um Kapazitätsüber- und -unterdeckungen zu ermitteln und gegebenenfalls auszugleichen. Es handelt sich hier um den sogenannten **Kapazitätsabgleich.** Ein Kapazitätsabgleich kann prinzipiell dadurch erreicht werden, dass das Kapazitätsangebot angepasst wird (d. h. die Kapazität erweitert oder verringert wird) oder aber dass die Durchführung des Fertigungsauftrags zeitlich, räumlich und technisch verlagert wird.

> **Beispiel:**
>
> In der Weber Metallbau GmbH wird aufgrund der Mengen- und Terminvorgaben der Fertigungslose für eine bestimmte Arbeitsstation, z. B. eine Drehbank, ein Belastungsprofil ermittelt, das für kurze Planungsperioden (z. B. Tage) deren Inanspruchnahme zeigt. In der nachfolgenden Grafik ist zu erkennen, dass die maschinenbedingte, starre Kapazitätsgrenze sowohl über- als auch unterschritten wird.

---

1 Die Darstellung der Fertigungsterminierung wird hier auf die mittelfristige Terminplanung beschränkt.
2 Ein Auftragsfolgediagramm und einen Maschinenbelegungsplan finden Sie auf S. 100ff.
3 Die bisher dargestellte Terminierung und Losgrößenbildung berücksichtigt nicht, dass verschiedene Fertigungsaufträge zur gleichen Zeit an einem Arbeitsplatz zueinander in Konkurrenz stehen können. Die vereinfachende Strategie, nicht kapazitäts-, sondern rein auftragsbezogen zu planen, erleichtert erheblich die mittelfristige Terminplanung.

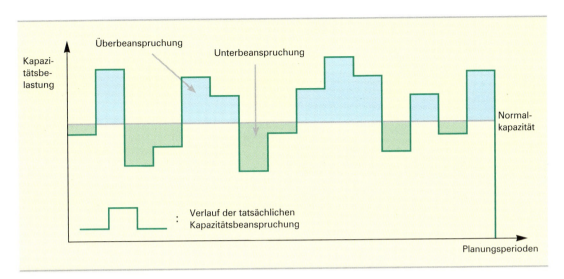

Langfristig ist es möglich, die Kapazitätsgrenze durch Erweiterungsinvestitionen dauerhaft zu erhöhen. Mittelfristige Anpassungen der Kapazität an Über- oder Unterbeanspruchung sind z. B. möglich durch Überstunden, zusätzliche Schichten oder durch Kurzarbeit. Im Normalfall muss aber die Diskrepanz zwischen Beanspruchung und verfügbarer Kapazität durch Anpassung der Belastung an die Normalkapazität ausgeglichen werden. Ziel ist es also, den Kapazitätsbedarf der tatsächlichen Maschinenbelastung so anzupassen, dass die Kapazitätsgrenze nicht überschritten wird.

Hierfür bieten sich kurzfristig insbesondere folgende Möglichkeiten an:

Kurzfristige Auswärtsvergabe	Dies bedeutet, dass einzelne Arbeitsgänge an Fremdbetriebe vergeben werden. Die Belastung wird also aus dem Kapazitätsgebirge entfernt.
Zeitliche Verlagerung	Dies hat zur Folge, dass Arbeitsgänge zur späteren Bearbeitung auf derselben Maschine zeitlich nach hinten verlegt werden.
Technische Verlagerung	In diesem Fall wird der Arbeitsgang auf eine Maschine vergleichbaren Typs mit gerade freien Kapazitäten verlagert.

(2) Prioritätsregeln[1] zum Abbau von Warteschlangen

Auch wenn die Kapazitätsbelastung nach dem Abgleich innerhalb der Normalkapazität liegt, ist es sehr wohl möglich, dass z. B. an einem Arbeitstag mehrere Fertigungsaufträge aus der Warteschlange abgearbeitet werden müssen. In diesem Fall stellt sich die Frage, in welcher Reihenfolge die wartenden Aufträge abgearbeitet werden sollen. Hilfreich ist hier die Berücksichtigung von Prioritätsregeln. So könnte z. B. folgende Regel gelten:

Vorrang hat jener Fertigungsauftrag aus der Warteschlange

■ **mit den geringsten Umrüstkosten.**	In der Regel sind damit auch geringe Stillstandszeiten und eine bessere Kapazitätsauslastung verbunden.
■ **mit der kürzesten Fertigungsdauer an dieser Station.**	Dies sorgt dafür, dass der Folgeauftrag möglichst rasch zum Zuge kommt.

---

[1] Priorität: Vorrang, Vorzugsrecht.

■ mit der längsten Wartezeit.	Diese Regel – first come, first served – ist am leichtesten zu handhaben.
■ mit der kürzesten Restlaufzeit bis zur Fertigstellung.	In diesem Fall werden Aufträge bevorzugt, deren Auslieferungsdatum an den Kunden und damit der Zufluss an Liquidität möglichst nahe liegt.
■ mit der längsten Restlaufzeit bis zur Fertigstellung.	Diese Regel unterstützt das Streben nach Terminsicherheit, da sie von der Annahme ausgeht, dass die Risiken größer werden, je weiter der Auslieferungstermin in der Zukunft liegt.
■ mit dem höchsten Wert des End- oder Zwischenprodukts.	In diesem Fall erhält der Auftrag mit dem höchsten Wert nach Fertigstellung die höchste Priorität oder der Auftrag mit dem bis zum Entscheidungszeitpunkt bereits angefallenen höchsten Kosten wird bevorzugt, um möglichst rasch die Kosten vom Kunden ersetzt zu bekommen.

4.6 Netzplantechnik als Verfahren zur Terminierung

4.6.1 Einführung

Das in Kapitel 4.3 formulierte **Verfahren der Terminplanung** ist besonders geeignet für die Terminierung von Fertigungsaufträgen im Rahmen der Werkstattfertigung, wenn eine Vielzahl von Varianten in Serienfertigung hergestellt werden sollen.

Dieses Verfahren ist allerdings ungeeignet, wenn es sich jeweils nur um die **Herstellung einer sehr komplexen Leistung** handelt, die in ihrer Art jeweils einmalig ist. In der Regel ist eine solche Leistungserstellung eingebettet in eine **Projektorganisation**. Zur Terminierung eines solchen Verfahrens hat sich die **Netzplantechnik** bewährt.

Beispiele:

- Bau eines Einkaufszentrums
- Bau eines Fußballstadions
- Einführung eines neuen Produkts
- Erschließung eines neuen Markts
- Großreparaturen

4.6.2 Ablauf des Verfahrens

[1] Für alle Teiltätigkeiten eines Projekts wird der **Zeitbedarf** ermittelt.

[2] Anschließend wird deren **Verflechtung** festgestellt, indem zu jeder Tätigkeit der/die unmittelbaren Vorgänger und Nachfolger bezeichnet werden.

[3] Im Rahmen einer „Vorwärtsstrategie" werden entlang der Vorgänger-Nachfolger-Kette die **frühestmöglichen Start- und Endtermine** der einzelnen Tätigkeiten des Projekts ermittelt. Als Ergebnis gewinnt man so den frühestmöglichen Endtermin des gesamten Projekts.

[4] Dieser Termin wiederum wird als **spätestzulässiger Endtermin** des gesamten Projekts festgelegt.

[5] Im Rahmen einer anschließenden „Rückwärtsstrategie" werden die **spätestzulässigen Start- und Endtermine** für die einzelnen Tätigkeiten berechnet.

[6] Aus der Gegenüberstellung der frühstmöglichen und der spätestzulässigen Termine ermitteln sich die **Pufferzeiten**. Wir unterscheiden Gesamtpuffer und freier Puffer.

Gesamtpuffer	Das ist diejenige Zeit, um welche ein Vorgang noch verschoben werden kann, ohne dass das Gesamtprojekt unter der Verschiebung leidet. Tätigkeiten, bei denen der früheste und der späteste Termin übereinstimmen, die also über keinerlei Gesamtpuffer verfügen, liegen auf dem sogenannten **„kritischen Pfad"**. Jegliche Verzögerung einer dieser Tätigkeiten führt sofort zu einer Verzögerung des Gesamtprojekts. Daher gilt diesen Tätigkeiten eine besonders hohe Aufmerksamkeit.
Freier Puffer	Das ist diejenige Zeit, um welche ein Vorgang verschoben werden kann, ohne dass der unmittelbare Nachfolger davon beeinflusst wird.

4.6.3 Darstellungsmöglichkeiten

Für die Darstellung eines Netzplans unterscheiden wir drei Möglichkeiten.

(1) Vorgangsliste

Die Vorgangsliste ist eine Darstellung in fortlaufender Tabellenform. Sie eignet sich zur Vorwärts- und Rückwärtsrechnung und zur Berechnung des Gesamtpuffers. Sie ist allerdings weniger geeignet, um die Netzwerkstruktur des Gesamtprojekts sichtbar zu machen oder den Projektfortschritt zu verfolgen.

(2) Netzplan

Der Netzplan ist eine grafische Darstellung des Gesamtprojekts. Die einzelnen Tätigkeiten werden jeweils durch einen Vorgangsknoten abgebildet. Pfeile zwischen den Vorgangsknoten legen deren Abhängigkeit (Vorgänger – Nachfolger) zueinander fest.

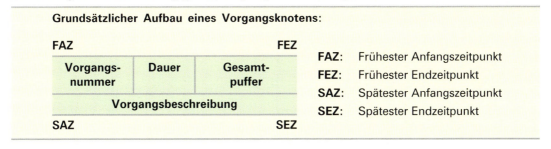

(3) Balkendiagramm (Gantt-Diagramm)

Während der Netzplan vor allem die logischen Abhängigkeiten der Knoten untereinander zeigt, erlaubt das Balkendiagramm die Zuordnung der Tätigkeiten zu einer Zeitachse. Diese Art der Darstellung unterstützt in besonderem Maße die Terminverfolgung.

> **Beispiel:**
>
> Die Weber Metallbau GmbH erweitert ihr Leistungsangebot. Daher ist der Bau einer Lagerhalle notwendig. Nach eingehender Vorplanung mit dem Architekturbüro „Bau und Projekte Hansen GmbH" ergab sich folgender Netzplan:
>
> | Vor-gang | Strukturanalyse | | | Zeitanalyse | | | | | |
> |---|---|---|---|---|---|---|---|---|---|
> | | Beschreibung | Vor-gänger | Nach-folger | Dauer in Tagen | FAZ | FEZ | SAZ | SEZ | Gesamt-puffer |
> | A | Entwurf, Planung | – | B, F, G | 20 | | | | | |
> | B | Erdaushub, Fundament | A | C | 3 | | | | | |
> | C | Ausgießen Fundament | B | D | 2 | | | | | |
> | D | Verschalung Sockel | C | E | 5 | | | | | |
> | E | Betonierung Sockel | D | I | 3 | | | | | |
> | F | Lieferung Betonteile | A | H | 4 | | | | | |
> | G | Aushub Leitungen | A | H | 2 | | | | | |
> | H | Leitungsverlegung | F, G | I | 5 | | | | | |
> | I | Montage Lagerhalle | E, H | J | 7 | | | | | |
> | J | Installationsarbeiten | I | – | 4 | | | | | |
>
> **Aufgaben:**
> 1. Führen Sie mithilfe der Vorgangsliste die Zeitanalyse durch. Berechnen Sie den Gesamtpuffer!
> 2. Zeichnen Sie den Netzplan, kennzeichnen Sie den kritischen Pfad und berechnen Sie den freien Puffer!
> 3. Übertragen Sie den Netzplan in ein Gantt-Diagramm!

Lösungen:

Zu 1.: **Vorgangstabelle mit Vor- und Rückwärtsrechnung und Gesamtpuffer**

Vor-gang	Strukturanalyse			Zeitanalyse					
	Beschreibung	Vor-gänger	Nach-folger	Dauer in Tagen	FAZ	FEZ	SAZ	SEZ	Gesamt-puffer
A	Entwurf, Planung	–	B, F, G	20	0	20	0	20	0
B	Erdaushub, Fundament	A	C	3	20	23	20	23	0
C	Ausgießen Fundament	B	D	2	23	25	23	25	0
D	Verschalung Sockel	C	E	5	25	30	25	30	0
E	Betonierung Sockel	D	I	3	30	33	30	33	0
F	Lieferung Betonteile	A	H	4	20	24	24	28	4
G	Aushub Leitungen	A	H	2	20	22	26	28	6
H	Leitungsverlegung	F, G	I	5	24	29	28	33	4
I	Montage Lagerhalle	E, H	J	7	33	40	33	40	0
J	Installationsarbeiten	I	–	4	40	44	40	44	0

① ➔ ② ③

Erläuterungen:

① **Vorwärtsrechnung am Beispiel von Vorgang A, B und H:**

- **Vorgang A**: Der früheste Anfangstermin (FAZ) des Gesamtprojekts = 0.
  FEZ = FAZ + Dauer in Tagen (20) = 20.

- **Vorgang B**: Dieser hat als unmittelbaren Vorgänger den Knoten A. Dieser ist fertig zum Zeitpunkt 20, also kann B als direkter Nachfolger beginnen (FAZ) zum Zeitpunkt 20.
  FEZ = FAZ (20) + Dauer in Tagen (3) = 23.

- **Vorgang H**: Dieser hat als unmittelbare Vorgänger F und G. F ist fertig zum Zeitpunkt 24, G ist fertig zum Zeitpunkt 22. Da H als unmittelbarer Nachfolger auf die Fertigstellung von **beiden** warten muss, kann er frühestens anfangen, wenn der letzte der beiden Vorgänger beendet ist, also zum Zeitpunkt 24.

> Bei der Vorwärtsrechnung sind besonders jene Knoten zu beachten, die mehrere direkte Vorgänger haben. Dieser Knoten hat als FAZ den **höchsten** Wert aller FEZ der unmittelbaren Vorgänger.

② **Rückwärtsrechnung am Beispiel von Vorgang J, I und A:**

Frühester Endtermin des gesamten Projekts = 44. Dies wird als spätestzulässiger Endtermin des gesamten Projekts angenommen (SEZ).

- **Vorgang J**: Da J spätestens zum Termin 44 beendet sein muss und vier Tage benötigt, muss es spätestens starten (SAZ) zum Zeitpunkt 40.

- **Fortsetzung am Vorgang I**: I hat als unmittelbaren Nachfolger den Vorgang J. Dieser muss spätestens beginnen zum Zeitpunkt 40. Demnach muss I spätestens (SEZ) zum Zeitpunkt 40 beendet sein. Da I 7 Tage braucht, muss also spätestens zum Zeitpunkt 33 (SAZ) begonnen werden.

- **Vorgang A**: A hat als unmittelbarer Nachfolger die Tätigkeiten B, F und G. B muss spätestens zum Zeitpunkt 20 beginnen, F zum Zeitpunkt 24 und G zum Zeitpunkt 26. Der früheste Nachfolger entscheidet darüber, wann A spätestens fertig sein muss, hier zum Zeitpunkt 20.

> Bei der Rückwärtsrechnung sind besonders jene Knoten zu beachten, die mehrere direkte Nachfolger haben. Dieser Knoten hat als SEZ den **kleinsten** Wert aller SAZ der unmittelbaren Nachfolger.

③ **Gesamtpuffer am Beispiel von A und G:**

Der Gesamtpuffer ergibt sich als Differenz zwischen den frühesten/spätesten Anfangs- oder den frühesten/spätesten Endterminen.

- **Vorgang A**: Frühest möglicher Anfangstermin = 0, spätest zulässiger Anfangstermin = 0, Gesamtpuffer: SAZ – FAZ = 0.

- **Vorgang G**: Frühest möglicher Anfangstermin = 20, spätest zulässiger Anfangstermin = 26, Gesamtpuffer: SAZ – FAZ = 6.

Dies bedeutet: Die Tätigkeit G kann frühestens zum Zeitpunkt 20 beginnen. Beginnt sie erst zum Zeitpunkt 21 ist für das Gesamtprojekt nichts verloren, der Endtermin verzögert sich nicht. Beginnt die Tätigkeit allerdings **nach** dem Termin 26, dann lässt sich der Endtermin des Gesamtprojekts von 44 nicht mehr halten.

Begründung: Beginnt G mit 27, dann endet es mit 29. Damit beginnt H bei 29 und endet bei 34. I kann somit nicht mehr mit 33 beginnen, sondern erst mit 34 und endet mit 41 und damit J mit 45.

> Der **kritische Pfad** ist der zeitlich **längste Pfad** durch den Netzplan. Seine Vorgänge haben einen Gesamtpuffer von 0.

Vom Gesamtpuffer ist der **freie Puffer** zu unterscheiden. Letzterer gibt an, um wie lange ein Vorgang verschoben werden kann, ohne dass der unmittelbare Nachfolger beeinträchtigt wird. Er berechnet sich wie folgt:

Freier Puffer = FAZ des Nachfolgers − FEZ des Vorgängers

Der freie Puffer lässt sich nicht in der Vorgangstabelle, sondern nur im Netzplan darstellen.

Zu 2.: Netzplan mit kritischem Pfad, Gesamtpuffer und freiem Puffer

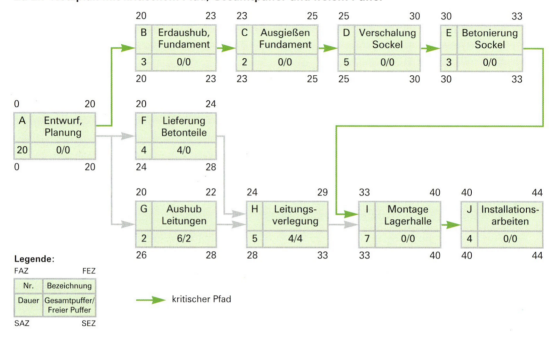

Zu 3.: Gantt-Diagramm

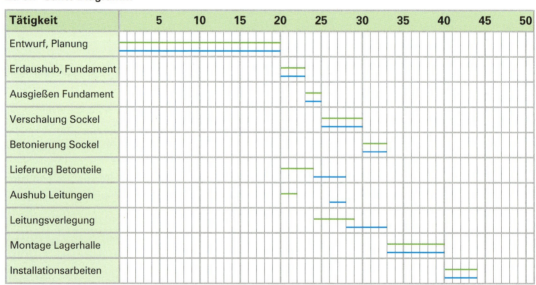

grüne Linie: Vorwärtsterminierung   blaue Linie: Rückwärtsterminierung

4.6.4 Vorteile der Netzplantechnik

- Die Netzplantechnik gibt eine **anschauliche Darstellung** des Projektablaufs.
- Sie zwingt zum **Durchdenken des Projekts** und erlaubt das Erkennen von **logischen Abhängigkeiten**.
- **Engpässe** (kritischer Pfad) und **Zeitreserven** (Gesamtpuffer und freier Puffer) werden aufgedeckt.
- Die Auswirkung von Terminänderungen wird insbesondere beim **Gantt-Diagramm** sichtbar.
- Exakte Terminplanung unterstützt das **Streben nach Kostenersparnis**.

Zusammenfassung

- Aufgabe der **Produktionsterminplanung** ist es, für den vorhandenen Bestand an Aufträgen die **Start-** und **Endtermine** an den vorhandenen Fertigungseinrichtungen zu planen.
- Man unterscheidet:
    - **Grobplanung**: Grobe Termine auf der Ebene der Enderzeugnisse.
    - **Mittelfristige Terminplanung**: Tagegenaue Planung auch für die nachgeordneten Komponenten.
    - **Feinplanung (Kapazitätsterminierung)**: Präzise Terminierung je Arbeitsgang an den einzelnen Arbeitsstationen.
- Im Rahmen der **retrograden Terminbestimmung** werden – ausgehend vom Kundenwunschtermin – die spätest zulässigen Termine ermittelt.
- Im Rahmen der **Losgrößenrechnung** werden die Bedarfe, von denen die Mengen und die Termine bekannt sind, in Fertigungslose umgewandelt. Ziel ist es hierbei, jene Lose zu ermitteln, bei welchen die **Summe aus Umrüstkosten und Lagerkosten minimal** ist.
- Die **Kapazitätsbelegungsplanung** führt die für die Auftragsabwicklung erforderliche Belegung der maschinellen Anlagen mit den dazugehörigen Mitarbeitern durch.
- Die tatsächliche Inanspruchnahme an den einzelnen Stationen führt häufig zu einer Unter- oder Überbelastung der Fertigungskapazitäten. Im Rahmen des **Kapazitätsabgleichs** müssen die Spitzen der Überbelastung abgebaut werden, z.B. durch **kurzfristige Auswärtsvergabe, zeitliche Verlagerung, technische Verlagerung** oder durch **Kombinationen** der genannten Maßnahmen.
- Warten mehrere Aufträge vor einer Arbeitsstation, dann unterstützen **Prioritätsregeln** einen systematischen Abbau der Warteschlange.
- Die **Netzplantechnik** ist ein Instrument zur Planung und Steuerung von Projekten.
- Die **Vorgangsliste**, der **Netzplan** und das **Balkendiagramm** (Gantt-Diagramm) sind Darstellungsmöglichkeiten.
- Die **Vorteile der Netzplantechnik**:
    - Der Projektablauf wird **anschaulich dargestellt**.
    - Durch den Zwang, das Projekt zu durchdenken, werden **logische Abhängigkeiten erkannt**.
    - **Engpässe** (kritischer Pfad) und **Zeitreserven** (Puffer) werden aufgedeckt.
    - Die **Folgen von Terminänderungen** werden sichtbar.
    - Die exakte Terminplanung **erspart Kosten**.

Übungsaufgaben

16 1. In der nachstehenden Tabelle finden Sie für einen Gartenstuhl (siehe Aufgabe 15, S. 83) die Herstell- bzw. Wiederbeschaffungszeiten der einzelnen einzusetzenden Komponenten. Die Stühle sollen am Betriebskalendertag 280 fertiggestellt sein.

Aufgabe:

Ergänzen Sie die Nettobedarfsrechnung im Rahmen einer mittelfristigen Terminplanung um die Vorlaufverschiebung!

Komponente	Herstell- bzw. Wiederbeschaffungszeit
Gartenstuhl	5
Seitengestell	3
Abdeckkappe	12
Gewindeschraube	14
Sitz	5
Standrohr	5
Schutzkufe	8

Komponente	Herstell- bzw. Wiederbeschaffungszeit
Abstandhalter	15
Sitzband	3
Sitzrohr	4
Stahlrohr	10
Rohrkappe	14
Kunststoffband	14

2. Für den Sitz (Teile-Nr. 200002) und das Seitengestell (Teile-Nr. 200001) ergeben sich aufgrund verschiedener Kundenaufträge folgende Bedarfe:

Sitz	
Betriebskalendertag	Bedarf
248	400
263	500
278	300

Seitengestell	
Betriebskalendertag	Bedarf
242	500
260	700
281	400

Die übrigen Daten betragen:

	Sitz	Seitengestell
Verrechnungspreis	4,00 EUR	7,00 EUR
Lagerkostensatz	30 %	30 %
Auflagefixe Kosten	40,00 EUR	50,00 EUR

Zur Umsetzung der Betriebskalendertage in ein Kalenderdatum benutzen Sie bitte die Tabelle auf S. 87.

Aufgaben:

2.1 Ermitteln Sie aus den oben genannten Bedarfen die kostenminimalen Lose für den Sitz und das Seitengestell! Verwenden Sie für die Lösung die Tabelle auf S. 89!

2.2. Gehen Sie von der ausgefüllten Tabelle aus!

2.2.1 Erläutern Sie, mit welcher Tendenz sich das Ergebnis verändert, wenn die auflagefixen Kosten zunehmen!

2.2.2 Erläutern Sie, mit welcher Tendenz sich das Ergebnis verändert, wenn der Lagerkostensatz steigt!

17 1. Berechnen Sie den nachfolgenden Netzplan zum Bau einer Werkshalle!

Nr.	Vorgang	Dauer in Tagen	Vor-gänger	Nach-folger	Frühester		Spätester		Gesamt-puffer
					AZ	EZ	AZ	EZ	
1.	Einholung von Angeboten, Angebotsvergleich, Beschluss	25	–	2					
2.	Auftragsvergabe	6	1	4, 7, 9					
3.	Baustelleneinrichtung	1	–	5					
4.	Lieferung der Baustoffe	3	2	6					
5.	Erd- und Kanalarbeiten	9	3	6					
6.	Fundamentierung	2	4, 5	8					
7.	Lieferung Eisenkonstruktion	9	2	8					
8.	Aufstellen Eisenkonstruktion	2	6, 7	10					
9.	Lieferung Außenwände und Dach	3	2	10					
10.	Montage Außenwände und Dach	3	8, 9	11					
11.	Richtfest mit Spanferkel	1	10	12					
12.	Installation	4	11	13					
13.	Festliche Einweihung	1	12	–					

2. Zeichnen Sie den Netzplan!
3. Erstellen Sie hierzu das Balkendiagramm (Gantt-Diagramm)!

4.7 Auftragsfolgediagramm und Maschinenbelegungsplan

Im Rahmen der Netzplantechnik ist das **Gantt-Diagramm** ein grafisches Instrument, um die einzelnen Arbeitspakete eines Projektes (Knoten eines Netzplans) einer Zeitachse zuzuordnen.

Dieses Instrument eignet sich auch, um im Rahmen der Arbeitsvorbereitung die **Auftragsfolge** und die **Maschinenbelegung** darzustellen.

Auftragsfolgediagramm	Das Auftragsfolgediagramm enthält in der ersten Spalte die Aufträge und zeigt auf der Zeitachse die Inanspruchnahme der Maschinen. Diese Darstellung eignet sich in erster Linie zur Darstellung des Arbeitsfortschritts und der Durchlaufzeiten.
Maschinenbelegungsplan	Der Maschinenbelegungsplan zeigt in der ersten Spalte die Maschinen und auf der Zeitachse die Inanspruchnahme durch die einzelnen Aufträge. Aus dieser Darstellung gewinnt man vorrangig Aussagen über die Belegungs- und Stillstandszeiten der Maschinen, während der Überblick über den Auftragsfortschritt sehr schnell verloren gehen kann.

Beide Darstellungen haben dasselbe Planungsproblem im Auge, zeigen es jedoch aus unterschiedlichem Betrachtungswinkel.

In der vereinfachten Betrachtungsweise gehen wir von folgenden **Annahmen** aus:

- Alle Maschinen sind **jederzeit verfügbar** und nicht durch bereits bestehende Aufträge belastet.
- Die Maschinen fallen **nicht aufgrund einer Störung** aus oder bedürfen einer Intervallwartung.
- Auf einer Maschine kann zu einer bestimmten Zeit nur **ein Arbeitsgang** durchgeführt werden.
- Ein Arbeitsgang wird immer nur auf **einer Maschine** abgearbeitet. Aufträge werden nicht gesplittet, d.h., ein Arbeitsauftrag wird nicht halbiert und auf zwei Maschinen parallel durchgeführt.

Bei der **Reihenfolgeplanung** könnten unterschiedliche Kriterien bei der Auswahl des jeweils nächsten Auftrags berücksichtigt werden (siehe auch Kapitel 4.5, S. 90f.), wie z.B.

- minimale Umrüstkosten,
- minimale Durchlaufzeit,
- kürzeste Restlaufzeit bis zur endgültigen Fertigstellung.

Beispiel:

Die Weber Metallbau GmbH besitzt vier Maschinen, auf welchen unterschiedliche Verrichtungen durchgeführt werden können:

M1: Fräsmaschine
M2: Drehbank
M3: Bohrmaschine
M4: Plasmaschneidmaschine

Es liegen vier Kundenaufträge vor, deren Arbeitsvorgänge die vier Maschinen unterschiedlich belasten. Der Planungszeitraum beginnt mit Betriebskalendertag 51.

	Arbeitsvorgang 1		Arbeitsvorgang 2		Arbeitsvorgang 3		Arbeitsvorgang 4	
	Maschine	Tage	Maschine	Tage	Maschine	Tage	Maschine	Tage
Auftrag 1	M1	1,5	M3	1,5	M4	2		
Auftrag 2	M2	1	M4	2	M1	2		
Auftrag 3	M2	2	M3	1	M4	2	M1	1
Auftrag 4	M3	2	M4	1				

Aufgaben:

1. Erstellen Sie
   1.1 das Auftragsfolgediagramm und
   1.2 den Maschinenbelegungsplan!
2. Ein Kunde fragt an, ob wir kurzfristig einen Zusatzauftrag annehmen können. Die Arbeitsvorbereitung ermittelte hierfür folgende Belastung:

	Arbeitsvorgang 1		Arbeitsvorgang 2		Arbeitsvorgang 3		Arbeitsvorgang 4	
	Maschine	Tage	Maschine	Tage	Maschine	Tage	Maschine	Tage
Auftrag 5	M3	2	M1	2				

Überprüfen Sie, ob der Zusatzauftrag angenommen werden kann, wenn sich die bisher bestehenden Termine (siehe Aufgabe 1) wegen der zugesagten Liefertermine an die Kunden um höchstens einen Betriebskalendertag verschieben lassen!

Lösungen:

Zu 1: In der nachfolgenden Grafik wurden die einzelnen Arbeitsgänge der Aufträge in ein Auftragsfolgediagramm umgesetzt. Dabei wurden die Aufträge in der Reihenfolge Auftrag 1 bis Auftrag 4 eingelastet. Am Beispiel des Auftrags 3: Dort kann der Arbeitsvorgang 3 auf Maschine 4 erst einen Tag später beginnen, da auf Maschine 4 zunächst noch der Arbeitsvorgang 3 des Auftrags 1 fertiggestellt werden muss.

Zu 1.1: Auftragsfolgediagramm

Betriebskalendertag	51			52			53			54			55			56			57			58			59	
Auftrag 1	M1	M1	M1	M3	M3	M3	M4	M4	M4	M4																
Auftrag 2	M2	M2	M4	M4	M4	M4	M1	M1	M1	M1																
Auftrag 3			M2	M2	M2	M2	M3	M3					M4	M4	M4	M4	M1	M1								
Auftrag 4									M3	M3	M3	M3					M4	M4								

Zu 1.2: Maschinenbelegungsplan

Betriebskalendertag	51			52			53			54			55			56			57			58			59	
Maschine 1	A1	A1	A1							A2	A2	A2	A2									A3	A3			
Maschine 2	A2	A2	A3	A3	A3	A3																				
Maschine 3					A1	A1	A1	A3	A3	A4	A4	A4	A4													
Maschine 4			A2	A2	A2	A2	A1	A1	A1	A1	A3	A3	A3	A3	A4	A4										

Aus dem Auftragsfolgediagramm leitet sich der Maschinenbelegungsplan ab. Dabei werden alle Arbeitsvorgänge aus den verschiedenen Aufträgen, die dieselbe Maschine betreffen, in einer Zeile aufgeführt. Daraus lassen sich sehr einsichtig die Belegungs- und Stillstandszeiten der Arbeitsplätze erkennen.

Zu 2.: Im nachfolgenden Auftragsfolgediagramm ist es gelungen, den Zusatzauftrag so einzubetten, dass die bestehenden Arbeitsaufträge um nicht mehr als einen halben Tag verschoben werden mussten (andere Lösungen sind möglich).

Auftragsfolgediagramm:

Betriebs-kalendertag	51		52		53		54		55		56		57		58		59	
Auftrag 1	M1	M1	M1				M3	M3	M3	M4	M4	M4	M4					
Auftrag 2	M2	M2	M4	M4	M4	M4				M1	M1	M1	M1					
Auftrag 3			M2	M2	M2	M2		M3	M3			M4	M4	M4	M4	M1	M1	
Auftrag 4										M3	M3	M3	M3			M4	M4	
Auftrag 5	M3	M3	M3	M3	M1	M1	M1	M1										

Daraus leitet sich der nachfolgende Maschinenbelegungsplan ab.

Maschinenbelegungsplan:

Betriebs-kalendertag	51		52		53		54		55		56		57		58		59	
Maschine 1	A1	A1	A1				A5	A5	A5	A5	A2	A2	A2	A2			A3	A3
Maschine 2	A2	A2	A3	A3	A3	A3												
Maschine 3	A5	A5	A5	A5	A1	A1	A1	A1	A3	A3	A4	A4	A4	A4				
Maschine 4			A2	A2	A2	A2		A1	A1	A1	A1	A3	A3	A3	A3	A4	A4	

Zusammenfassung

- Es gehört zum **Aufgabenbereich der Arbeitsvorbereitung,** die zeitliche Beanspruchung der Arbeitsplätze durch die einzelnen Arbeitsaufträge grafisch darzustellen.

- Die grafische Darstellung **erleichtert die Wahrnehmung der Abhängigkeiten** für die Arbeitsgangfolgen und die Maschinenbelastung.

- **Auftragsfolgediagramm** und **Maschinenbelegungsplan** beleuchten dasselbe Planungsproblem unter verschiedenen Aspekten.

- Das Auftragsfolgediagramm zeigt je Zeile die **Reihenfolge der einzelnen Arbeitsvorgänge** für einen Auftrag.

- Der Maschinenbelegungsplan zeigt je Zeile die **zeitliche Beanspruchung der einzelnen Arbeitsplätze** durch die Arbeitsvorgänge.

Übungsaufgabe

18 In einem Unternehmen liegen für den bevorstehenden Planungszeitraum ab Betriebskalendertag 81 vier Aufträge vor, welche die Maschinen 1 bis 4 belasten.

In einem ersten Entwurf wurde folgende Lösung (Stufe 1) gestaltet. Beim Versuch, diese Abläufe zu verbessern und die Endtermine möglichst nach vorne zu verlegen, entstand die Stufe 2.

Auftragsfolgediagramm, Stufe 1

Betriebs-kalendertag	81		82		83		84		85		86		87		88		89	
Auftrag 1	M3	M3	M3	M3							M1	M1	M1				M4	M4
Auftrag 2	M2	M2	M2	M2	M2	M2	M1	M1	M1		M3	M3	M4	M4	M4			
Auftrag 3	M4	M4	M4	M4			M2	M2	M2	M2								
Auftrag 4					M4	M4	M4	M4			M2	M2	M2					

Auftragsfolgediagramm, Stufe 2

Betriebs-kalendertag	81		82		83		84		85		86		87		88		89	
Auftrag 1	M3	M3	M3	M3	M1	M1	M1		M4	M4								
Auftrag 2	M2	M2	M2	M2	M2	M2			M1	M1	M1	M3	M3	M4	M4	M4		
Auftrag 3					M4	M4	M4	M4			M2	M2	M2	M2				
Auftrag 4	M4	M4	M4	M4			M2	M2	M2									

Aufgaben:

1. Beurteilen Sie der Reihe nach für die einzelnen Arbeitsvorgänge, inwieweit sich jeweils eine Verbesserung bzw. eine Verschlechterung ergeben hat!
2. Erstellen Sie aus der Stufe 2 des Auftragsfolgediagramms den Maschinenbelegungsplan!

5 Produktionsprozesssteuerung

5.1 Überblick

Die Produktionsprozesssteuerung setzt die Vorgaben der Produktionsprozessplanung um, indem sie den **Ablauf der Produktionsprozesse festlegt** (z.B. endgültige Kapazitätsbelegung bzw. Arbeitsverteilung) und die **Durchführung der Produktion** veranlasst. Die Produktionsprozesssteuerung erfolgt dabei in engster Verzahnung mit der **Produktionsprozesskontrolle**. Die Kontrolle ist wichtig, da es bei der Realisierung der Planungsvorgaben zu Abweichungen durch Störungen kommen kann (z.B. Maschinenausfall, Krankheit von Mitarbeitern, Lieferungsverzögerungen beim Material).

Die Produktionsprozesssteuerung setzt also grundsätzlich voraus, dass Verfahren existieren, mit denen der Ist-Zustand des Fertigungsfortschritts zurückgemeldet wird. Dies ist auch notwendig, weil nur durch Rückmeldungen dem DV-System bekannt ist, ob und gegebenenfalls seit wann die einzelnen Arbeitsschritte erledigt worden sind und zu welchem Zeitpunkt demzufolge der nächste Arbeitsgang veranlasst werden kann.

Zu den wichtigsten **Aufgaben der Produktionsprozesssteuerung** zählen:

- Arbeitsverteilung, Kapazitätsbelegung (Bestimmung der Reihenfolge für die Fertigungslose bzw. der Arbeitsgänge),
- Materialdisposition,
- Fertigungsveranlassung,
- Erstellung von Arbeitsinformationen für die Produktion (Fertigungsdokumente),
- Fertigungsüberwachung,
- Zuteilung der Erzeugnisse zum Kundenauftrag.

5.2 Fertigungsveranlassung und Fertigungsdokumente

(1) Arbeitsverteilung, Kapazitätsbelegung, Materialdisposition

Im Rahmen der Steuerung wird die Abwicklung des Produktionsprozesses festgelegt. Die Festlegung betrifft die genaue Terminplanung, die Belegungsintensität der Kapazitätsträger, die Disposition des benötigten Materials sowie die Abfolge der Fertigungslose.

(2) Fertigungsveranlassung

Im Rahmen der Fertigungsveranlassung werden die bisher geplanten und terminierten Fertigungsaufträge in die Produktion eingeschleust. Dies setzt voraus, dass rechtzeitig alle für die Fertigung erforderlichen Dokumente erstellt, das erforderliche Material, Werkzeuge, Vorrichtungen usw. bereitgestellt werden.

(3) Fertigungsdokumente

In einem traditionellen, mit Belegen arbeitenden Unternehmen werden für die Fertigung eine Reihe von Dokumenten zur Verfügung gestellt. Hierzu gehören:

■ Auftragsstückliste

Die Auftragsstückliste leitet sich aus der Basisstückliste ab und multipliziert deren Positionen mit der Fertigungsmenge.

■ Auftragsarbeitsplan

Er baut auf dem Basisarbeitsplan auf. Die Ausführungszeiten werden mit der Anzahl der herzustellenden Erzeugnisse multipliziert. Somit ist dem Auftragsarbeitsplan zu entnehmen, wie lange die Arbeitsplätze für die Durchführung der einzelnen Arbeitsgänge belegt sind.

■ Lohnschein

Er bezieht seine Daten jeweils aus den Positionszeilen eines Arbeitsplans. Da bei dessen Erstellung noch nicht geklärt ist, welche Arbeitskraft die im Arbeitsplan vorgesehene Arbeit ausführen wird, sind auf dem Lohnschein Felder vorgesehen, auf dem die Personalnummer des Mitarbeiters, seine tatsächliche Arbeitszeit, Gut-Stückzahl (fehlerfreie Stückzahl), Datum, Uhrzeit und die Unterschrift des Meisters einzutragen sind.

```
+------------------------------------------------------------------+
|                           Lohnschein                             |
|FertAuftrNr   Auftr.Menge  Zugeh. Kunden/BetrAuftr   B:Tag/Zeit   E:Tag/Zeit |
|F10000           257,00    Teile-Sonderfertigung     254/07:00    256/13:35 |
|Tisch Modell 325                                                  |
|Teile-Nr:F10000  Klassifikation:1*****                   TA:E     |
|                 Tisch Modell 325                                 |
|                                                                  |
|AVO  Platz    U.Menge  SP LA LG   ZE     RüstZt    StückZt  BelegZt   ÜbergZt KU St |
| 10  P10000    0,00    1  ZL  7  MIN    10,00       5,00   1.295,00    60,00  9 GP |
|            Tischplatte auf Gestell montieren                     |
|                                                                  |
| Datum | Werker Name | Personal-Nr | LG | LA | Arbeits-Aus. | Material-Aus. |
|       |             |             |    |    |              |               |
| Bez.M | Meister/Kost| Zeit        |         Ist-Menge       | Ist-ArbPlatz  |
|       |             |             |                         |               |
| Code  |             |                                                        |
+------------------------------------------------------------------+
```

■ Materialliste

Sie dient der Lagerverwaltung, um die erforderlichen Komponenten zur Durchführung eines Fertigungsauftrags rechtzeitig bereitzustellen.

```
+------------------------------------------------------------------+
|                         Materialliste                            |
|FertAuftrNr   Auftr.Menge  Zugeh. Kunden/BetrAuftr   B:Tag/Zeit   E:Tag/Zeit |
|F10000           257,00    Teile-Sonderfertigung     254/07:00    256/13:35 |
|Tisch Modell 325                                                  |
|Teile-Nr:F10000                                          TA:E     |
|                 Tisch Modell 325                                 |
|                                                                  |
|Pos  Baustufe  Teile-Nummer  Benennung             TA BA ME   Menge    St|
| 10            T09           Tischplatte Modell 325 T  F  ST    257,00  A|
| 20            T11           Anschraublasche        T  F  ST  1.028,00  A|
| 30            T12           Flachrundschraube      T  F  ST  1.028,00  A|
| 40            T13           Spanplattenschraube    T  F  ST  2.056,00  A|
| 50            T20           Komplettes Gestell     G  E  ST    257,00  A|
| 60            T14           Unterlegscheibe        T  F  ST  1.028,00  A|
| 70            T15           Flügelmutter           T  F  ST  1.028,00  A|
| Datum | Werker Name | Personal-Nr | LG | LA | Arbeits-Aus. | Material-Aus. |
|       |             |             |    |    |              |               |
| Bez.M | Meister/Kost| Zeit        |         Ist-Menge       | Ist-ArbPlatz  |
|       |             |             |                         |               |
| Code  |             |                                                        |
+------------------------------------------------------------------+
```

■ **Material(entnahme)schein**

Er belegt die Entnahme des Materials aus dem Lager. Als Rücklaufdatenträger dient er zur Erfassung der Lagerabgänge und zur Buchung des Materialverbrauchs.

```
                              Materialschein
FertAuftrNr  Auftr.Menge Zugeh. Kunden/BetrAuftr      B:Tag/Zeit    E:Tag/Zeit
F10000           257,00 Teile-Sonderfertigung         254/07:00     256/13:35
Tisch Modell 325
Teile-Nr:F10000 Klassifikation:1*****                 TA:E
            Tisch Modell 325

Pos Baustufe Teile-Nummer Benennung              TA BA ME     Menge    St
 10          T09          Tischplatte Modell 325  T  F ST     257,00   A

 Datum  | Werker Name  | Personal-Nr  | LG | LA | Arbeits-Aus. | Material-Aus.

 Bez.M  | Meister/Kost| Zeit              | Ist-Menge       | Ist-ArbPlatz

 Code   |
```

■ **Werkzeugentnahmeschein**

Vergleichbar dem Materialentnahmeschein belegt er die Entnahme der Werkzeuge aus dem Werkzeuglager.

■ **Arbeitsanweisung**

Sie beschreibt exakt den Ablauf komplizierterer Arbeitsvorgänge.

■ **Prüfanweisung**

Sie gibt vor, nach welchen Verfahren und mit welchem Maß an Toleranz die hergestellten Erzeugnisse zu prüfen sind.

■ **Einstellplan**

Aus dem Einstellplan ist zu entnehmen, wie die Fertigungsmaschinen zur Durchführung eines bestimmten Auftrags einzurichten sind. Er legt z. B. fest, mit welchen Drehzahlen und welcher Vorschubgeschwindigkeit ein Werkstück von bestimmter Materialart und -stärke zu bohren ist.

■ **Werkzeugwechselplan**

Werkzeuge unterliegen bei Gebrauch einer Abnutzung. Nach einer bestimmten Laufzeit sind sie zu wechseln, damit sichergestellt ist, dass sie mit der erforderlichen Präzision genutzt werden können.

5.3 Fertigungsüberwachung mithilfe der Betriebsdatenerfassung

Die Fertigungsüberwachung beinhaltet die Überwachung und Kontrolle des Produktionsprozesses im Hinblick auf

- ■ Qualitätsmerkmale,
- ■ Input- und Outputmengen,
- ■ Zeitverbrauch,
- ■ Kapazitätsbeanspruchung und
- ■ Termineinhaltung.

Um jederzeit aktuelle Informationen über den Produktionsfortschritt zu erhalten, wird in der Praxis für die Produktionsfortschrittkontrolle meistens eine Aufteilung in **personenbezogene Leistungsdaten** und in **auftragsbezogene Fertigmeldungen** vorgenommen.

- Die **personenbezogenen Leistungsdaten** werden anhand der ausgefüllten Lohnscheine erfasst. So eignet sich ein ausgefüllter Lohnschein z. B. zur

  - Erfassung der tatsächlichen Beanspruchung eines Arbeitsplatzes.
  - Feststellung des Belastungszuflusses an die nachfolgenden Arbeitsplätze, da der ausgefüllte Lohnschein den Status „fertig" für einen Arbeitsgang signalisiert.
  - Ermittlung der gesamten Durchlaufzeit für den Auftrag. Sie errechnet sich aus der Summe aller Zeiten auf den Lohnscheinen.

  Weitere Auswertungen erlauben es z. B., Informationen über Produktionsstörungen und personenbezogene Leistungsdaten zu gewinnen. Diese lassen sich nutzen, um über eine systematische Wartungs- und Instandhaltungsplanung einen störungsfreien Ablauf sicherzustellen bzw. die Mitarbeiter leistungsgerecht zu entlohnen.

- Für die **auftragsbezogenen Fertigmeldungen** werden insbesondere die Material(entnahme)scheine, die Werkzeugentnahmescheine und die Werkzeugwechselprotokolle herangezogen. Daneben ist in diesem Bereich der Einsatz von Betriebsdatenerfassungssystemen für die laufende Erfassung und frühzeitige Verarbeitung von Informationen, zur zeitgerechten Rückmeldung der Istdaten und für den jederzeitigen Datenzugriff auf den Ist-Zustand des Produktionsprozesses, unverzichtbar.

  Organisatorisch lässt sich die Betriebsdatenerfassung und Auftragsüberwachung mittels eines **elektronischen Fertigungsleitstandes** durchführen. Er erlaubt es nicht nur, Beginn und Ende der Arbeitsgänge zu protokollieren, die kurzfristige Termin- und Kapazitätsplanung (z. B. Maschinenbelegung) zu kontrollieren, den Material- und Werkzeugeinsatz zu erkennen, die Auftragsfreigabe und Auftragssteuerung einschließlich der Überwachung des Fertigungsfortschritts zu überblicken, vielmehr werden die gewonnenen Daten aus der aktuellen Situation auch mit den Planungsdaten für die nahe Zukunft verknüpft. Auf diese Weise lassen sich z. B. bevorstehende Engpasssituationen rechtzeitig erkennen und durch entsprechende Planungsmaßnahmen mildern.

5.4 Zuteilung der Erzeugnisse zum Kundenauftrag

Durch die Bündelung der Bedarfe zu fertigungsgerechten, wirtschaftlich günstigen Losen (Kapitel 4.4, S. 88 ff.) ist eine unmittelbare Zuordnung der hergestellten Erzeugnisse mit dem Kundenauftrag verloren gegangen. Diese Anonymität zwischen Fertigerzeugnissen und Kundenauftrag muss wieder beseitigt werden. Im einfachen Fall von Standardprodukten geschieht dies dadurch, dass die Kundenaufträge aus den zunehmenden Lagerbeständen an Fertigerzeugnissen bedient werden. Handelt es sich jedoch um eine kundenindividuelle Auftragsfertigung, ist ein aufwendigeres Zuteilungsverfahren vom hergestellten Erzeugnis zum Kundenauftrag erforderlich.

Zusammenfassung

- Im Rahmen der **Produktionsprozesssteuerung** wird die **Ausführung des Fertigungsauftrags** veranlasst und die hierfür erforderlichen **Dokumente** erstellt. Zu diesen gehören u. a. die **Auftragsstückliste, Auftragsarbeitsplan, Lohnschein, Materialliste, Materialentnahmeschein, Werkzeugentnahmeschein, Prüfanweisung** und **Einstellplan**.

- Die **Fertigungsüberwachung** geschieht – im Fall traditioneller Belegorganisation – über **Rücklaufdatenträger,** wie z. B. die **Lohn- und Materialentnahmescheine** oder über einen **elektronischen Fertigungsleitstand.**

- Durch die Zuteilung wird die verloren gegangene **Verknüpfung zwischen Kundenauftrag** und **Fertigungsauftrag** wiederhergestellt.

Übungsaufgabe

19 1. Im Rahmen der Auftragsveranlassung werden auftragsbezogene Dokumente in die Fertigung eingeschleust.

   Aufgabe:
   Nennen Sie 5 dieser Dokumente und beschreiben Sie kurz deren Inhalt!

2. Einige dieser Dokumente haben (in einer traditionellen Belegorganisation) die Eigenschaft eines Rücklaufdatenträgers.

   Aufgabe:
   Stellen Sie dar, an welchen Informationen der Betrieb besonders interessiert ist und wofür diese Informationen genutzt werden!

3. Beschreiben Sie, welche Funktionen durchlaufen werden müssen, um
   3.1 aus dem Primärbedarf den Sekundärbedarf zu ermitteln,
   3.2 aus den Bedarfen aufgrund der Kundenaufträge die Fertigungsaufträge zu gewinnen und
   3.3 die Fertigungsaufträge mit exakten Terminen auf vorhandene Betriebsmittel zuzuordnen!

6 Produktions-Controlling

6.1 Aufgaben des Produktions-Controllings

(1) Generelle und fallbezogene Aufgaben des Produktions-Controllings

Die **generelle Aufgabe des Controllings** besteht darin, die betrieblichen Informationen so aufzubereiten und anschließend bereitzustellen, dass die Unternehmensleitung das **gesamte Unternehmensgeschehen ergebnisorientiert planen, steuern** und **überwachen** kann. Die Informationen gewinnt das Controlling aus dem Zahlenwerk des Rechnungs- und Finanzwesens sowie aus einer speziell angelegten technisch-betriebswirtschaftlichen Daten-, Modell- und Wissensbank. Das **Produktions-Controlling** ist **Teil des Gesamt-Controllings** und hat daher dessen Aufgaben durch Informationen aus dem Bereich der Produktionswirtschaft zu unterstützen.

- Die **generelle Aufgabe** des **Produktions-Controllings** besteht darin, die Informationen aus dem Leistungserstellungsprozess so aufzubereiten und anschließend bereitzustellen, dass die Unternehmensleitung den **Entstehungsprozess von Produkten ergebnisorientiert planen, steuern** und **überwachen** kann. Ihre Informationen gewinnt das Produktions-Controlling insbesondere aus der Kostenrechnung und der Investitionsrechnung sowie aus der Aufbereitung technischer Daten.

- Aus den generellen Aufgaben lassen sich sodann **spezielle Aufgaben** des **Produktions-Controllings** ableiten.

Aufgaben des Produktions-Controllings	Beispiele
Regelmäßige Aufgaben	Mitarbeit bei der kurz- und mittelfristigen Produktprogrammplanung, der Materialbedarfsplanung, der Produktionsprozessplanung und -kontrolle (z. B. Terminüberwachung, Kapazitätsbelegungs-, Materialeinsatz- sowie Instandhaltungsplanung und -kontrolle) sowie bei der Budgetplanung und Kontrolle des Produktionsbereichs.
Aufgaben von Fall zu Fall	Auswahl, Einführung und Weiterentwicklung eines Planungs-, Steuerungs- und Kontrollsystems, die Beurteilung von technischen Investitionen, die Mitarbeit bei Fragen der Betriebsorganisation (z. B. Arbeits- und Betriebszeitregelungen) sowie die Begleitung spezifischer Maßnahmen im Produktionsbereich (z. B. Verlegung eines Standorts, Einführung eines neuen Fertigungsverfahrens).

(2) Überblick über die Maßnahmen zur Umsetzung des Produktions-Controllings

Das Produktions-Controlling lässt sich prinzipiell durch zwei Gruppen von **Controllingmaßnahmen** umsetzen:

- Zum einen durch die **Festlegung von Erfolgsmaßstäben** und deren Überprüfung durch direkt zahlenmäßig **messbare Kennziffern**. Eine Auswahl wichtiger Kennziffern und deren Zielsetzung enthält die nachfolgende Tabelle.

Zielsetzung	Kennziffern (Auswahl)
Optimierung des Leistungserstellungsprozesses (prozessorientierte Informationen).	Dauer der Durchlaufzeit der Aufträge, Rüstzeiten je Auftrag, Losgrößen je Auftrag, Auslastung der eingerichteten Arbeitsplätze.
Erhalt von Daten über die erzielte Produktivität.	Arbeitsproduktivität, Materialproduktivität, Betriebsmittelproduktivität.
Verzinsung des eingesetzten Kapitals bzw. Wirtschaftlichkeit der erbrachten Leistungen.	Kapitalrentabilität, Umsatzrentabilität, Lagerkapazitätsauslastung, Verbrauchs- und Beschäftigungsabweichungen, Wirtschaftlichkeitsvergleich zweier Produktreihen.
Ermittlung von Kosten für Qualitätssicherungsmaßnahmen.	Stör- und Ausfallzeiten nach Dauer und Ursachen an den einzelnen Arbeitsplätzen, Fehlerkosten, Kosten für Qualitätssicherungsmaßnahmen im Verhältnis zu den Produktionskosten.
Erfassung der verursachten Kosten durch Betriebsstörungen und -unterbrechungen.	Stillstandskosten im Verhältnis zu den gesamten Produktionskosten, Wiederanlaufkosten je Maschine im Verhältnis zur Maschinenlaufzeit pro Jahr.

- Zum anderen können Controllingmaßnahmen darauf abzielen, **Soll-Ist-Vergleiche von Kennziffern** vorzunehmen, deren **Abweichungen zu analysieren** und gegebenenfalls **Verbesserungsvorschläge** zu unterbreiten.

Von den angesprochenen Controllingmaßnahmen in der Produktionswirtschaft werden im Folgenden dargestellt: Zusammenhänge zwischen Kosten und Beschäftigungsgrad (Kapitel 6.2), Auswertung betrieblicher Kennzahlen (Kapitel 6.3), Qualitätsmanagement (Kapitel 6.4), Umweltschutz (Kapitel 6.5).

6.2 Zusammenhang zwischen Änderungen der Produktionsmenge und Kostenentwicklung

6.2.1 Kostenverläufe bei fixen Kosten

Merke:

Fixe Kosten sind Kosten, die sich bei einer Änderung der Produktionsmenge in **ihrer absoluten Höhe nicht verändern.**

(1) Absolut fixe Kosten

Gesamtbetrachtung. Absolut fixe Kosten (K_{fix}) verändern sich von der Produktionsmenge 0 bis zur Kapazitätsgrenze nicht.

Beispiele:

Miete, Abschreibungen, Gehälter.

Stückbetrachtung. Bezieht man die angefallenen Fixkosten auf ein einzelnes Stück (k_{fix}) und untersucht, wie sich deren Höhe bei unterschiedlicher Produktionsmenge ändert, so ergibt sich folgender Zusammenhang: Erhöht man die Produktionsmenge, dann verteilt sich der konstant hohe Block an Fixkosten auf eine größere Menge, d.h., die Fixkosten pro Stück sinken. Eine sinkende Produktionsmenge hat die entsprechend umgekehrte Wirkung.

$$\text{Fixkosten je Leistungseinheit } (k_{fix}) = \frac{\text{Fixkosten der Periode } (K_{fix})}{\text{Produktionsmenge}}$$

Beispiel:

Produktionsmenge in Stück	Fixkosten	
	Gesamtbetrachtung	Stückbetrachtung
10 000	60 000,00 EUR	6,00 EUR
20 000	60 000,00 EUR	3,00 EUR
30 000	60 000,00 EUR	2,00 EUR

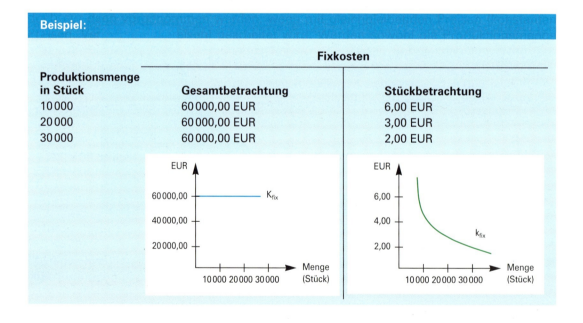

(2) Relativ fixe Kosten (sprungfixe Kosten)

Soll die Produktion so gesteigert werden, dass sie mit der vorhandenen technischen Ausstattung bzw. der Anzahl der Mitarbeiter nicht mehr erhöht werden kann, müssen neue Maschinen gekauft, zusätzliche Mitarbeiter eingestellt und/oder eine neue Fabrikhalle angemietet werden. In diesem Fall erhöhen sich die fixen Kosten sprunghaft.

Beispiel:

Produktionsmenge in Stück	Sprungfixe (intervallfixe) Kosten	
	Gesamtbetrachtung	Stückbetrachtung
10 000	60 000,00 EUR	6,00 EUR
20 000	60 000,00 EUR	3,00 EUR
30 000	60 000,00 EUR	2,00 EUR
40 000	120 000,00 EUR	3,00 EUR
50 000	120 000,00 EUR	2,40 EUR

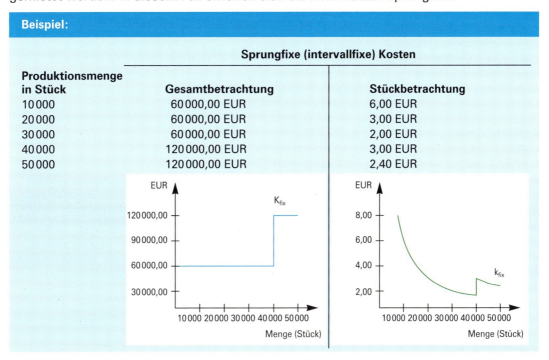

Merke:

- Die absolut fixen Kosten bleiben bis zur Kapazitätsgrenze trotz Änderung der Produktionsmenge absolut gleich.
- Wird die Kapazitätsgrenze überschritten, springen die absolut fixen Kosten auf ein neues Niveau.
- Die auf eine Leistungseinheit umgerechneten fixen Kosten verringern sich bei steigender Produktionsmenge und erhöhen sich bei rückläufiger Produktionsmenge.

(3) Nutzkosten und Leerkosten

Wird aufgrund einer geringeren Produktionsmenge die Kapazität nur teilweise genutzt, gliedern sich die fixen Kosten in Nutzkosten und Leerkosten auf.

Nutzkosten	Dies ist der Teil der Fixkosten, der bei gegebener Kapazitätsausnutzung „in Anspruch" genommen wird, d. h. **Fixkosten der genutzten Kapazität**.
Leerkosten	Dies sind die **Fixkosten der nicht genutzten Kapazität**.

> **Beispiel:**
>
> In einem Unternehmen betragen die Fixkosten einer Maschine 45 000,00 EUR. Die Kapazität der Maschine ist zu 75 % ausgelastet.
>
> **Nutzkosten:** $\dfrac{45\,000\ \text{EUR} \cdot 75}{100} = \underline{\underline{33\,750{,}00\ \text{EUR}}}$
>
> **Leerkosten:** $45\,000{,}00\ \text{EUR} - 33\,750{,}00\ \text{EUR} = \underline{\underline{11\,250{,}00\ \text{EUR}}}$

Die Leerkosten machen deutlich, welcher Anteil der Fixkosten nicht genutzt wird. Unser Beispiel besagt, dass 11 250,00 EUR an Fixkosten für eine Erhöhung der Produktionsmenge noch zur Verfügung stehen.

6.2.2 Kostenverläufe bei variablen Kosten

> **Merke:**
>
> **Variable Kosten** sind Kosten, die sich in ihrer **absoluten Höhe** bei Änderung der Produktionsmenge **verändern**.

(1) Proportionale Kosten

Gesamtbetrachtung. Die proportionalen Kosten verändern sich im gleichen Verhältnis wie die Produktionsmenge.

Stückbetrachtung. Bezieht man die Summe der proportionalen Kosten einer Periode auf eine Produktionseinheit, dann muss bei gleichbleibenden Preisen der Anteil, der auf eine Produktionseinheit entfällt, bei jeder Produktionsmenge gleich hoch sein.

> **Beispiele:**
>
> Fertigungsmaterial, Fertigungslöhne, Provisionen.

$$\text{Proportionale Kosten je Produktionseinheit} = \frac{\text{Summe der proportionalen Kosten }(K_v)}{\text{Produktionsmenge}}$$

> **Beispiel:**
>
> | Produktionsmenge in Stück | Proportionale Kosten | |
> |---|---|---|
> | | Gesamtbetrachtung | Stückbetrachtung |
> | 10 000 | 50 000,00 EUR | 5,00 EUR |
> | 20 000 | 100 000,00 EUR | 5,00 EUR |
> | 30 000 | 150 000,00 EUR | 5,00 EUR |
>
>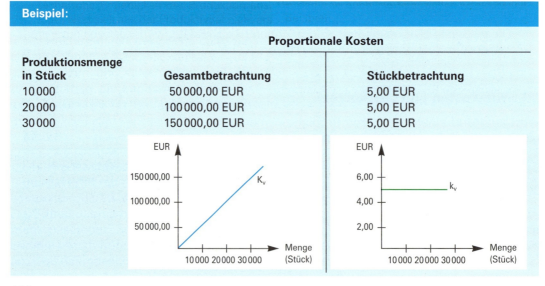

> **Merke:**
>
> ■ In der Gesamtbetrachtung verändern sich die proportionalen Kosten im gleichen Verhältnis wie die Produktionsmenge.
>
> ■ Auf eine Produktionseinheit (z. B. auf ein Stück) bezogen, bleiben die proportionalen Kosten gleich (konstant).

(2) Überproportionale (progressive) Kosten

Diese Kosten steigen sowohl in der Gesamtbetrachtung als auch in der Stückbetrachtung stärker an. Das ist häufig der Fall bei Überbeschäftigung.

Beispiele:
Überstundenlöhne, erhöhter Energieverbrauch, Reparaturkosten und Abschreibungen aufgrund der Überbeanspruchung der Maschinen.

Beispiel:

Überproportionale (progressive) Kosten

Produktionsmenge in Stück	Gesamtbetrachtung	Stückbetrachtung
10 000	50 000,00 EUR	5,00 EUR
20 000	120 000,00 EUR	6,00 EUR
30 000	300 000,00 EUR	10,00 EUR

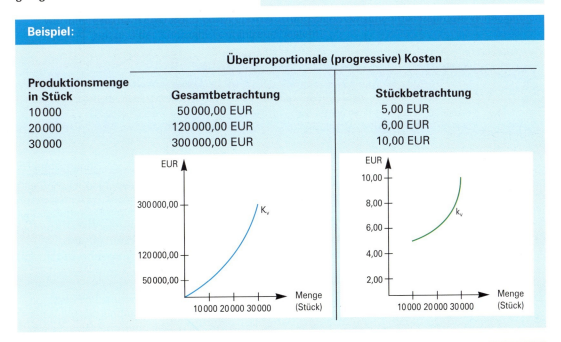

> **Merke:**
>
> Überproportional (progressiv) verlaufende variable Kosten steigen sowohl in der Gesamtbetrachtung als auch in der Stückbetrachtung stärker als die Produktionsmenge.

(3) Unterproportionale (degressive) Kosten

Die unterproportional verlaufenden Kosten steigen in der Gesamtbetrachtung geringer an als die Produktionsmenge. Die Gründe dafür liegen z.B. in günstigeren Einkaufsmöglichkeiten für das Material und/oder Steigerung der Produktivität dadurch, dass mit

Beispiele:
Steigerung der Arbeitsleistung bei gleichbleibendem Zeitlohn, Senkung des Materialaufwands infolge höherer Rabatte, Senkung der Betriebsstoff- und Energiekosten infolge günstigerer Auslastung der Maschinen.

steigender Produktionsmenge effizientere Fertigungsverfahren verwendet werden. In der Stückbetrachtung sinken die Stückkosten bei steigender Produktionsmenge.

Beispiel:

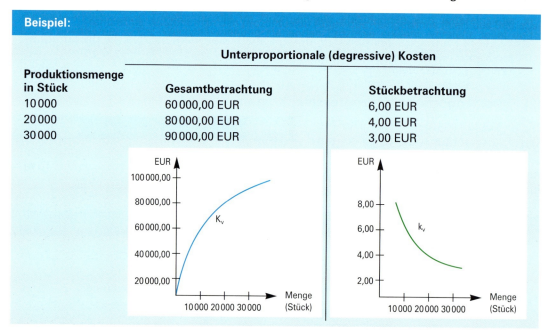

Produktionsmenge in Stück	Unterproportionale (degressive) Kosten	
	Gesamtbetrachtung	Stückbetrachtung
10 000	60 000,00 EUR	6,00 EUR
20 000	80 000,00 EUR	4,00 EUR
30 000	90 000,00 EUR	3,00 EUR

Merke:

- In der Gesamtbetrachtung verändern sich die unterproportional verlaufenden Kosten in einem schwächeren Maße als die Produktionsmenge.
- Bei einem unterproportionalen (degressiven) Verlauf der variablen Kosten sinken die Stückkosten bei steigender Produktionsmenge (Degressionseffekt der fixen Kosten).

6.2.3 Mischkosten

Es gibt Kostenarten, die zugleich fixe und variable Kostenanteile enthalten, z.B. Telefonkosten (Anschlussgebühr + Tarifeinheiten) oder Energiekosten (Grundentgelt + Verbrauchsentgelt).

Merke:

Mischkosten sind Gemeinkosten, die **fixe** und **variable Kostenanteile** aufweisen.

6.2.4 Kostenremanenz

Geht die Produktionsmenge in einer Unternehmung zurück, müssten die Kosten dem Kostenverlauf entsprechend sinken. In der Praxis bleibt der Kostenabbau jedoch hinter dem Rückgang der Produktionsmenge zurück. Diese Erscheinung nennt man **Kostenremanenz**.[1]

---

1 Remanent (lat.): zurückbleibend.

Bei den **fixen Kosten** sind hierfür insbesondere folgende **Gründe** verantwortlich:

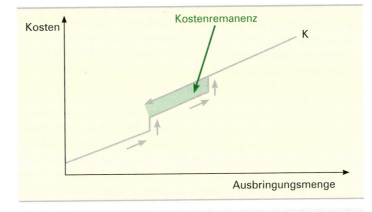

- Einhalten der gesetzlichen Kündigungsbestimmungen und Tarifverträge für Arbeitnehmer, Sozialpläne, Abfindungszahlungen,
- Einhalten von Abnahmeverpflichtungen im Beschaffungsbereich,
- Verzögerungen beim Verkauf von stillgelegten Anlagen und Maschinen,
- erhöhte Lagerkosten bei Absatzstockungen.

Bei den **variablen Kosten** treten Remanenzerscheinungen nicht in diesem Umfang auf. Etwa dann, wenn die Arbeitsintensität der Mitarbeiter stark absinkt, weil sie z.B. aus Furcht vor Kurzarbeit die Arbeit „strecken".

Folgen der Kostenremanenz sind, dass

- die Gesamtkostenkurve mit steigender Produktionsmenge einen anderen Kostenverlauf als bei abnehmender Produktionsmenge hat,
- die Stückkosten bei rückläufiger Produktionsmenge erheblich ansteigen,
- die Verlustzone bereits früher als bisher beginnt.

Das Unternehmen wird daran gehindert, dem sinkenden Absatz durch Preissenkungen entgegenzuwirken. Unter Umständen wird das Unternehmen sogar dazu gezwungen, die Preise zu erhöhen.

Übungsaufgaben

20 Ordnen Sie die folgenden Kostenarten den fixen Kosten, den variablen Kosten und den Mischkosten zu. Verwenden Sie dazu das nachfolgende Schema:

fixe Kosten	Mischkosten		variable Kosten
	überwiegend fix	überwiegend variabel	

Gehälter einschließlich gesetzlicher Sozialaufwendungen, Instandhaltungskosten, Energiekosten, Abschreibungen nach Leistungseinheiten, Verbrauch von Fertigungsmaterial, Hilfslöhne, lineare Abschreibung, Verwaltungsgemeinkosten, Zinsen, Reinigungskosten, Werbekosten, Postentgelte, Fertigungslöhne einschließlich gesetzlicher Sozialaufwendungen, Sondereinzelkosten der Fertigung, Reisekosten für die Vertreter, Miete für eine Lagerhalle, Verbrauch von Betriebsstoffen, Garantieleistungen.

21 Aus der Kosten- und Leistungsrechnung eines Industrieunternehmens sind die folgenden vier typischen Kostenverläufe entnommen:

verkaufte Menge	(1) fixe Kosten		(2) proportionale Kosten		(3) unterproportionale Kosten		(4) progressive Kosten	
	gesamt	Stück	gesamt	Stück	gesamt	Stück	gesamt	Stück
0	400,00		–		–		–	
100	400,00		50,00		50,00		50,00	
200	400,00		100,00		90,00		100,00	
300	400,00		150,00		125,00		150,00	
400	400,00		200,00		155,00		220,00	
500	400,00		250,00		175,00		300,00	
600	400,00		300,00		190,00		400,00	

Aufgaben:

1. Übertragen Sie die Tabelle in Ihr Heft und berechnen Sie die Kosten für die restlichen Kostenarten!
2. Nennen Sie je zwei Beispiele für die aufgeführten Kostenverläufe!
3. Stellen Sie den Verlauf der vier Kostenarten (Gesamtkosten und Stückkosten) jeweils in einem Koordinatensystem grafisch dar!
4. Bei modernen Industriebetrieben ist der Anteil der fixen Kosten an den Gesamtkosten in der Regel hoch.
   4.1 Erläutern Sie, worauf dieser Sachverhalt zurückzuführen ist!
   4.2 Beschreiben Sie, welche Auswirkungen das plötzliche Ausbleiben von Aufträgen auf den Verlauf der fixen Kosten hat!
5. Beschreiben Sie den Sachverhalt, den das nachfolgende Schema ausdrückt!

fixe Kosten (K_{fix})	Gemeinkosten
variable Kosten (K_v)	Einzelkosten

6.2.5 Kritische Kostenpunkte

Der Leiter der Rechnungswesenabteilung sagt, als er die neusten Statistiken durchgesehen hatte: „Endlich sind wir im neuen Zweigwerk über den toten Punkt hinaus!". Er meinte damit, dass dort jetzt die Produktionsmenge überschritten sei, bei dem die Erlöse gerade die Kosten decken.

Bei den folgenden Überlegungen gehen wir der Einfachheit halber von einem Einproduktunternehmen aus, das keine Lager bildet (abgesetzte Menge entspricht der hergestellten Menge). Ferner unterstellen wir, dass das Unternehmen lediglich mit absolut fixen und proportional variablen Kosten arbeitet. Die Kostenpreise und Absatzpreise sind während des Betrachtungszeitraums konstant. Unter diesen Bedingungen erhalten wir ein Kostenbild wie auf S. 118 abgebildet.

> **Beispiel:**
>
> Ein Industriebetrieb stellt Zubehörteile (Plastikbausätze) für Modelleisenbahnen her. Monatlich können maximal 1 000 Packungen (Inhalt 10 Bausätze) erzeugt werden. Es wird nur auf Bestellung gearbeitet.
>
> - An **fixen Kosten** fallen monatlich an: für Gehälter 9 000,00 EUR, für Miete 1 600,00 EUR, für Nebenkosten (Heizung, Licht, Reinigung) 400,00 EUR, für die Verzinsung des investierten Kapitals 3 000,00 EUR und für die Abschreibung der Spritzgussmaschinen und der Werkzeuge 6 000,00 EUR. Die fixen Kosten betragen also insgesamt 20 000,00 EUR.
>
> - Die (proportional) **variablen Kosten** betragen 30,00 EUR je Verkaufspackung. Sie setzen sich aus den Roh- und Hilfsstoffkosten (6,00 EUR), den Akkordlöhnen (22,00 EUR) und den Energiekosten (2,00 EUR) zusammen. Die Fertigungslöhne sind deshalb so hoch, weil viele Einzelteile (z. B. Pflanzen) in Handarbeit fertiggestellt werden müssen.
>
> - Der Absatzpreis je Verkaufspackung beträgt 55,00 EUR.
>
> **Aufgaben:**
>
> 1. Berechnen Sie in Intervallen von jeweils 100 Verkaufspackungen für die Herstellung von 100 bis 1 000 Verkaufspackungen die anfallenden Gesamtkosten, die Stückkosten, den Gesamtgewinn bzw. -verlust und den Stückgewinn bzw. -verlust! Verwenden Sie hierzu eine Kosten-Leistungs-Tabelle!
> 2. Berechnen Sie die Nutzenschwelle!
> 3. Ermitteln Sie den optimalen Kostenpunkt und das Gewinnmaximum!
> 4. Stellen Sie E, K, K_v und K_{fix}, k, k_v und e grafisch dar, kennzeichnen Sie die kritischen Kostenpunkte und die Gewinn- und Verlustzonen!

Lösungen:

Zu 1.:

Menge der Verkaufspackungen (x)	fixe Gesamtkosten in EUR (K_{fix})	variable Gesamtkosten in EUR (K_v)	Gesamtkosten in EUR (K)	Gesamterlös (abgesetzte Menge x Preis) in EUR (E)	Gewinn (schwarze Zahlen) bzw. Verlust (grüne Zahlen) (G/V)	variable Stückkosten (k_v)	fixe Stückkosten (k_{fix})	Stückkosten in EUR (k)	Stückerlös in EUR (e)	Stückverlust bzw. Stückgewinn (g/v)
100	20 000,00	3 000,00	23 000,00	5 500,00	17 500,00	30,00	200,00	230,00	55,00	175,00
200	20 000,00	6 000,00	26 000,00	11 000,00	15 000,00	30,00	100,00	130,00	55,00	75,00
300	20 000,00	9 000,00	29 000,00	16 500,00	12 500,00	30,00	66,67	96,67	55,00	41,67
400	20 000,00	12 000,00	32 000,00	22 000,00	10 000,00	30,00	50,00	80,00	55,00	25,00
500	20 000,00	15 000,00	35 000,00	27 500,00	7 500,00	30,00	40,00	70,00	55,00	15,00
600	20 000,00	18 000,00	38 000,00	33 000,00	5 000,00	30,00	33,33	63,33	55,00	8,33
700	20 000,00	21 000,00	41 000,00	38 500,00	2 500,00	30,00	28,57	58,57	55,00	3,57
800	20 000,00	24 000,00	44 000,00	44 000,00	– –	30,00	25,00	55,00	55,00	– –
900	20 000,00	27 000,00	47 000,00	49 500,00	2 500,00	30,00	22,22	52,22	55,00	2,78
1 000	20 000,00	30 000,00	50 000,00	55 000,00	5 000,00	30,00	20,00	50,00	55,00	5,00

Zu 2.: $x = \dfrac{20\,000}{55 - 30} = \underline{\underline{800 \text{ Stück}}}$ (Nutzenschwelle, Gewinnschwelle)

Zu 3.: Der optimale Kostenpunkt und das Gewinnmaximum liegen an der betrieblichen Kapazitätsgrenze, d. h. bei der Produktion von 1 000 Stück.

Zu 4.:

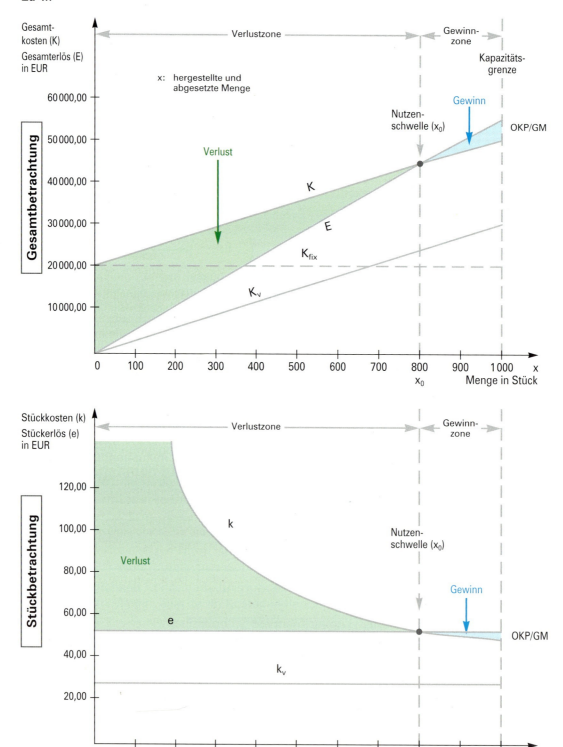

118

Erläuterungen:

- Unterstellt man einen linearen Gesamtkostenverlauf, ergibt sich mit zunehmender Produktionsmenge eine Kostendegression, weil die proportional-variablen Kosten je Stück konstant, die fixen Kosten je Stück jedoch abnehmen **(Gesetz der Massenproduktion)**. Das Massenproduktionsgesetz kann mit folgender Gleichung zum Ausdruck gebracht werden:

$$k = k_v + \frac{K_{fix}}{m}$$

  Das Stückkostenminimum liegt an der Kapazitätsgrenze.

- Bei linearem Gesamtkostenverlauf und gegebenem Absatzpreis liegt das **Gewinnmaximum** immer an der Kapazitätsgrenze, weil dort die Differenz zwischen Erlös (Umsatz) und Gesamtkosten (Gesamtbetrachtung) bzw. zwischen Absatzpreis je Stück und Stückkosten (Stückbetrachtung) am größten ist **(optimaler Kostenpunkt)**.

- Die Produktionmenge, bei der der Umsatz den Gesamtkosten (Gesamtbetrachtung) bzw. der Absatzpreis je Stück den Stückkosten entspricht, bezeichnet man als **Gewinnschwelle,** mitunter auch als Nutzenschwelle oder als „**toten Punkt" (Break-even-Point)**. Kann der Betrieb seine Produktionsmenge über die Gewinnschwelle hinaus erhöhen, erzielt er Gewinn, d.h., er tritt in die **Gewinnzone** ein. Liegt die Produktionmenge unter der Gewinnschwelle, arbeitet der Betrieb mit Verlust. Er befindet sich in der **Verlustzone**.

  Sind die fixen Gesamtkosten (K_{fix}), die proportional-variablen Stückkosten (k_v) und der Absatzpreis (P) gegeben, so lässt sich die Gewinnschwelle leicht berechnen. Da bei der Gewinnschwelle die Gesamtkosten dem Erlös entsprechen, gilt:

$$K_{fix} + k_v \cdot x = P \cdot x$$

wobei x die hergestellte und abgesetzte Produktionsmenge bedeutet.[1] Mit den Zahlen unseres Beispiels ergibt sich somit:

$$20\,000 + 30x = 55x$$
$$25x = 20\,000$$
$$x = \underline{800 \text{ (Stück)}}$$

Übungsaufgaben

22 Die Thomas Helmle KG in Berlin stellt Spielpuppen für Kinder her. Eine Puppe wird für 80,00 EUR verkauft. Bei vollkommener Ausnutzung der Kapazität können insgesamt 500 Puppen produziert werden. Die Produktion erfolgt nur nach Bestellung. Die Kostenstruktur verläuft linear.

Die Fixkosten betragen 10 000,00 EUR/Monat. Die variablen Stückkosten betragen konstant 40,00 EUR.

Menge	Gesamtkosten			Stückkosten			Gesamterlös	Gesamt-	
x	K_{fix}	K_v	K	k_{fix}	k_v	k	E	gewinn	verlust
100	10 000,00				40,00				
200									
300									
400									
500									

---

[1] Außerdem gibt es folgende Berechnungsmöglichkeit: Gewinnschwelle = $\dfrac{\text{Fixkosten } (K_{fix})}{\text{Preis (P)} - \text{variable Kosten } (k_v)}$

Aufgaben:

1. Ergänzen Sie die angegebene Tabelle!
2. Berechnen Sie die Nutzenschwelle!
3. Ermitteln Sie den optimalen Kostenpunkt und das Gewinnmaximum!
4. Ermitteln Sie, bei welcher Produktionsmenge ein Gewinn von 3520,00 EUR erzielt wird!
5. Stellen Sie die Variablen E, K, K_v und K_{fix} sowie die Variablen k, k_v und e grafisch dar, kennzeichnen Sie sowohl die kritischen Kostenpunkte als auch die Gewinn- und Verlustzonen!
6. Ermitteln Sie, wann das Gewinnmaximum erreicht ist
    6.1 theoretisch,
    6.2 praktisch!

23 Die Kostenanalyse für eine Fertigungsanlage ergibt folgendes Bild:

April: Hergestellte Menge 3400 Stück, Gesamtkosten 273 000,00 EUR
Mai: Hergestellte Menge 3600 Stück, Gesamtkosten 282 000,00 EUR

Die variablen Kosten verlaufen proportional. Der Verkaufserlös beträgt je Stück 77,00 EUR.

Aufgaben:

1. Ermitteln Sie die Nutzenschwelle (Produktionsmenge und Umsatz)!
2. Berechnen Sie den Gewinn/Verlust bei einer Kapazitätsauslastung von 72% bzw. 100%, wenn die Kapazitätsauslastung im Monat Mai 80% beträgt!
3. Ermitteln Sie, bei welchem Umsatz ein Gewinn von 11 200,00 EUR erreicht wird!
4. Erläutern Sie die betriebswirtschaftliche Bedeutung der Nutzenschwelle!

6.2.6 Einfluss der Fertigungsverfahren auf die Kosten

6.2.6.1 Grundsätzliches

Fertigungsverfahren (man spricht auch von Produktionsverfahren oder Produktionsstrukturen) mit geringem Lohnkosten- und hohem Kapitalkostenanteil (vor allem Zinsen und Abschreibungen) bezeichnet man als **kapitalintensive** oder **anlageintensive Fertigungsverfahren**.

Beispiel:

Das Anrichten des Betons mit der Schaufel ist ein arbeitsintensives (lohnkostenintensives) Produktionsverfahren. Der Einsatz eines Betonmischers spart bereits Arbeitskräfte.

Merke:

Die **Kostenstruktur** bzw. ihre Veränderung wird weitgehend vom jeweiligen **Fertigungsverfahren** eines Industriebetriebs bestimmt.

Die Substitution arbeitsintensiver durch anlageintensive Verfahren (z.B. auch durch Automation) ist teuer. Je stärker sich ein Betrieb anlageintensiver (kapitalintensiver) Verfahren bedient, desto höher sind seine fixen Kosten. Andererseits nehmen die variablen Kosten ab, weil die menschliche Arbeitskraft teilweise eingespart wird.

6.2.6.2 Beispiel für die Auswirkungen von Kostenverschiebungen

(1) Ausgangsbeispiel

Nehmen wir nochmals das Beispiel von S. 117f. zur Hand. Es wird angenommen, dass unser Betrieb durch den Einsatz eines anlageintensiven Verfahrens die variablen Kosten durch Einsparung von Arbeitskräften von 30,00 EUR auf 20,00 EUR senken kann. Die fixen Kosten (Abschreibungen, Zinskosten) nehmen jedoch um 8 000,00 EUR auf 28 000,00 EUR monatlich zu. Gleichzeitig wird die monatliche Kapazität auf 1 200 Packungen erhöht.

	Verfahren A				Verfahren B			
	Kosten des arbeitsintensiven Verfahrens				Kosten des anlageintensiven Verfahrens			
Erzeugung in Stück	Fixe Kosten je Monat in EUR	Variable Kosten in EUR	Gesamtkosten in EUR	Stückkosten in EUR	Fixe Kosten je Monat in EUR	Variable Kosten in EUR	Gesamtkosten in EUR	Stückkosten in EUR
200	20 000,00	6 000,00	26 000,00	130,00	28 000,00	4 000,00	32 000,00	160,00
400	20 000,00	12 000,00	32 000,00	80,00	28 000,00	8 000,00	36 000,00	90,00
600	20 000,00	18 000,00	38 000,00	63,33	28 000,00	12 000,00	40 000,00	66,67
800	20 000,00	24 000,00	44 000,00	55,00	28 000,00	16 000,00	44 000,00	55,00
1 000	20 000,00	30 000,00	50 000,00	50,00	28 000,00	20 000,00	48 000,00	48,00
1 200	← Kapazitätsausweitung durch Substitution →				28 000,00	24 000,00	52 000,00	43,33

└─ Kritische Produktmenge

Erläuterungen:

Das Beispiel zeigt, dass der Betrieb nur dann auf das anlageintensivere (kapitalintensivere) Verfahren übergehen wird, wenn er künftig mit einer dauerhaften Absatzerhöhung (und damit mit einer dauerhaften Fertigung) von mehr als 800 Verkaufspackungen (der sogenannten **kritischen Produktmenge**) rechnen kann. Der gleiche Sachverhalt wird in der Abbildung 1 auf S. 122 dargestellt.

(2) Veränderungen des Ausgangsbeispiels: Erhöhung der variablen Kosten

Die Entscheidung für oder gegen die Substitution der Produktionsverfahren ist auch von der tatsächlichen und/oder der erwarteten Faktorpreisentwicklung (vor allem der Lohnkostenentwicklung) abhängig. Würden in unserem Fall die variablen Kosten unter sonst gleichen Bedingungen um beispielsweise 25 % steigen, nimmt die kritische Produktmenge von bisher 800 auf 640 Verkaufspackungen ab, wie aus der nachstehenden Berechnung sowie aus der Abbildung 2 auf S. 122 ersichtlich ist.

Erläuterungen:

■ **Kritische Produktmenge vor der Erhöhung der variablen Kosten:**

Bei der kritischen Produktmenge sind die Kosten des arbeitsintensiven (lohnkostenintensiven) Verfahrens den Kosten des anlageintensiven (kapitalintensiven) Verfahrens gleich hoch:

Gesamtkosten des Verfahrens A = Gesamtkosten des Verfahrens B

$20\,000 + x \cdot 30 = 28\,000 + x \cdot 20$
$x \cdot 10 = 8\,000$
$x = 800$

■ **Kritische Produktmenge nach der Erhöhung der variablen Kosten um 25 %:**

$20\,000 + x \cdot 37{,}5 = 28\,000 + x \cdot 25$
$x \cdot 12{,}5 = 8\,000$
$x = 640$

Das Zahlenbeispiel erklärt, warum Lohnkostenerhöhungen tendenziell dazu führen, dass arbeitsintensive Produktionsverfahren durch kapitalintensive Produktionsverfahren substituiert (ersetzt) werden.

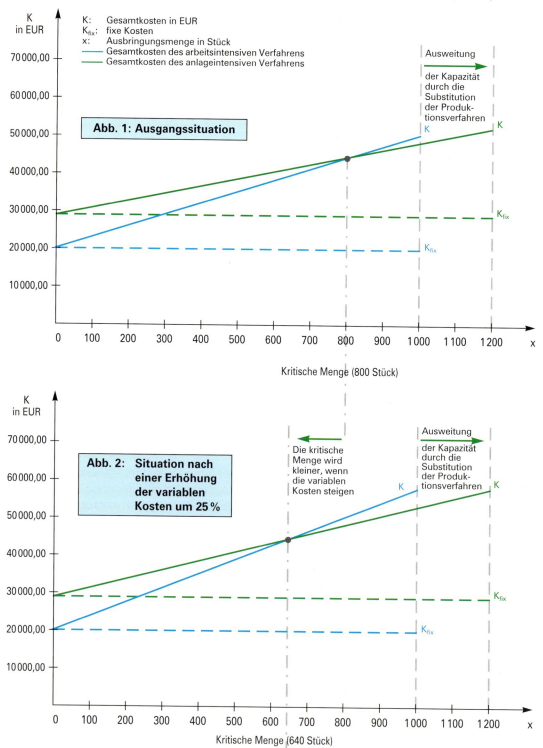

Übungsaufgaben

24 Die fixen Kosten eines Industriebetriebs betragen 120 000,00 EUR je Periode. Die proportional-variablen Kosten belaufen sich auf 100,00 EUR je Kostenträger. Der Absatzpreis ist konstant und beträgt 300,00 EUR je Stück. Maximal kann der Betrieb 1 000 Stück je Periode herstellen.

Aufgaben:

1. Unterscheiden Sie die Begriffe fixe und variable Kosten!
2. Stellen Sie eine Kosten-Leistungs-Tabelle wie auf S. 117 auf!
3. Zeichnen Sie die Gesamtkostenkurve und die Erlösgerade und ermitteln Sie die Gewinnschwelle!
4. Zeichnen Sie die Stückkostenkurve und die Preisgerade!
5. Erläutern Sie anhand des Beispiels das „Gesetz der Massenproduktion"!
6. Berechnen Sie den Gewinn, den der Betrieb erzielt, wenn die Nachfrage so groß ist, dass er an der Kapazitätsgrenze produzieren kann!
7. Erläutern Sie, warum bei linearem Gesamtkostenverlauf das Gewinnmaximum an der Kapazitätsgrenze liegt!
8. Wie verschiebt sich die Gewinnschwelle, wenn die fixen Kosten um 5 % und die variablen Kosten um 10 % steigen? Lösen Sie die Aufgabe rechnerisch!
9. Nennen Sie Gründe, die zu einer Verschiebung der Kostenkurven führen!

25 **Fallstudie:** Die NORDEN GmbH in Albstadt stellt hochwertige Säfte her, die nur aus frischem Obst gepresst werden. Im vergangenen Geschäftsjahr entschied sich die Geschäftsleitung, auch Säfte aus Konzentrat zu produzieren.

Da die Kapazität des Werks Albstadt mit der Produktion der Frischsäfte (A-Säfte) voll ausgelastet war und nach den vorliegenden Marktprognosen auch ausgelastet bleiben wird, entschloss sich die Geschäftsleitung, in Neustadt ein Zweigwerk zu errichten, das am 30. Juni des vergangenen Geschäftsjahres die Produktion der Konzentratsäfte (B-Säfte) aufnahm. Die Kapazität des neuen Werks beträgt 5 000 hl je Monat.

Am 1. September des vergangenen Geschäftsjahres liegen für das Werk Neustadt u.a. folgende Zahlen für das dritte Quartal vor:

Monat	Produktionseinheiten	Gesamtkosten
Juli	3 000 hl	630 000,00 EUR
August	3 600 hl	684 000,00 EUR
September	3 900 hl	…

Die produzierten B-Säfte wurden sofort abgesetzt, d.h., es wurde nicht auf Lager produziert. Der Barverkaufspreis der B-Säfte wurde von der Geschäftsleitung auf 180,00 EUR je hl festgesetzt, der aus Konkurrenzgründen nicht überschritten werden kann.

Nahziel der Geschäftsleitung ist, im Werk Neustadt bis Ende September den Break-even-Point (die Gewinnschwelle) zu erreichen, d.h. die Ausbringungsmenge, bei der der Erlös gerade die Gesamtkosten deckt.

Fernziel ist u.a., bei den B-Säften eine Umsatzrentabilität (prozentualer Anteil des Reingewinns am Umsatz) von 5 % zu erreichen.

Aufgaben:

1. Angenommen, Sie sind in der Controlling-Abteilung der NORDEN GmbH angestellt und erhalten von der Geschäftsleitung folgende Arbeitsaufträge:

    1.1 Berechnen Sie die voraussichtlichen Gesamtkosten des Werks Neustadt im Monat September!

    1.2 Berechnen Sie den voraussichtlichen Gewinn bzw. den Verlust im September!

    1.3 Berechnen Sie, bei welcher Produktionsmenge im Werk Neustadt der Break-even-Point erreicht ist!

    1.4 Berechnen Sie, bei welcher Produktionsmenge bei den B-Säften eine Umsatzrentabilität von 5 % erreicht wird!

    1.5 Darüber hinaus sollen Sie der Geschäftsleitung eine Grafik liefern, aus der die Fixkosten, die variablen Kosten, die Gesamtkosten, die Erlöse, der Break-even-Point, die Verlustzone und die Gewinnzone hervorgehen!

2. Aufgrund Ihres Berichts will die Geschäftsleitung der NORDEN GmbH in den Monaten September und Oktober einen „Einführungspreis" für die „B-Säfte" anbieten, um den Absatz anzukurbeln.

    Sie sollen einen begründeten Vorschlag machen, wie hoch der Hektoliter-Preis mindestens sein sollte!

3. Im ersten Quartal des laufenden Geschäftsjahres erreicht das Werk Neustadt folgenden Auslastungsgrad: Januar 80 %, Februar 85 % und März ebenfalls 85 %. Die Kosten und die Absatzpreise blieben konstant.

    Für April wird mit einem Auslastungsgrad von 90 % gerechnet.

    Ein guter Kunde ist bereit, für April einen Zusatzauftrag von 100 hl zu erteilen, will aber maximal nur 140,00 EUR je hl zahlen.

    Anfang April will die Geschäftsleitung Folgendes von Ihnen wissen:

    3.1 Berechnen Sie die Gesamtkosten im ersten Quartal!

    3.2 Berechnen Sie den Gesamtgewinn bzw. -verlust im ersten Quartal!

    3.3 Ermitteln Sie, ob der Zusatzauftrag zum Preis von 140,00 EUR je hl hereingenommen werden soll! Wenn ja, erläutern Sie, wie sich der Gesamtgewinn bzw. -verlust unter sonst gleichen Bedingungen ändern würde!

    3.4 Des Weiteren will die Geschäftsleitung von Ihnen wissen, wie die langfristige Preisuntergrenze je hl bei Vollauslastung der Kapazität sein müsste.

6.3 Betriebliche Kennzahlen der Leistungserstellung

6.3.1 Produktivität

(1) Begriff Produktivität

> **Merke:**
>
> Die **Produktivität** ist die technische Ergiebigkeit eines Produktionsvorgangs. Sie stellt das Verhältnis von Produktionsmenge zu den Einsatzmengen der Produktionsfaktoren dar.
>
> $$\text{Produktivität} = \frac{\text{Produktionsmenge}}{\text{Einsatzmenge}}$$

Aus dieser allgemeinen Formulierung der Produktivität lassen sich **Teilproduktivitäten** ableiten. Die wichtigsten sind die **Arbeitsproduktivität** und die **Kapitalproduktivität**.

(2) Arten der Produktivität

■ **Arbeitsproduktivität**

Bei der Arbeitsproduktivität wird die Produktionsmenge auf eine Arbeitsstunde bezogen.

> **Beispiel:**
>
> Ein Bauunternehmen erstellte im Monat April mit seinen Beschäftigten 2000 m³ umbauten Raum, im Mai 2400 m³. Die geleisteten Arbeitsstunden betrugen im April 3840 und im Mai 4416 Arbeitsstunden. Der Einsatz von Werkzeugen, Maschinen, Fahrzeugen, Ausstattung und Gebäude blieb unverändert (Wert 300 000,00 EUR).

Die Arbeitsproduktivität berechnet sich dann wie folgt:

$$\text{Arbeitsproduktivität} = \frac{\text{Produktionsmenge}}{\text{geleistete Arbeitsstunden}}$$

Mit den Zahlen des Beispiels erhält man folgende Werte:

Monat	Arbeitsproduktivität	Monat	Arbeitsproduktivität
April	$\frac{2000}{3840} = 0{,}52$	Mai	$\frac{2400}{4416} = 0{,}54$

Das Ergebnis zeigt, dass sich die Arbeitsproduktivität im Mai erhöht hat. Da sich die Ausstattung mit z.B. Maschinen und Werkzeugen nicht geändert hat, ist die Produktivitätssteigerung ausschließlich auf die Arbeiter zurückzuführen. Gründe können sein: besseres Wetter (die Arbeitskräfte fühlen sich wohler), die Aufsicht wurde verbessert, die Arbeitskräfte befürchten Entlassungen und strengen sich daher mehr an, das Betriebsklima ist besser geworden, die im April gewonnene Routine (Gewandtheit) nach der Winterpause führte im Mai zur Leistungssteigerung.

■ **Kapitalproduktivität**

Bezieht man die Produktionsmenge auf das eingesetzte Sachkapital, erhält man die Kapitalproduktivität.

$$\text{Kapitalproduktivität} = \frac{\text{Produktionsmenge}}{\text{Sachkapital}}$$

Mit den Zahlen des Beispiels erhält man folgende Werte:

Monat	Kapitalproduktivität	Monat	Kapitalproduktivität
April	$\frac{2000}{300000} = 0{,}00\overline{6}$	Mai	$\frac{2400}{300000} = 0{,}008$

Die Kapitalproduktivität ist (um 20 %) gestiegen, obwohl sich am Kapitaleinsatz nichts geändert hat.

■ **Zurechenprobleme**

Produktivitätssteigerungen lassen sich nur dann einem Produktionsfaktor (z.B. Arbeit) zurechnen, wenn die Leistung aller anderen Produktionsfaktoren konstant (unverändert) bleibt. In Wirklichkeit sind Produktivitätssteigerungen i.d.R. auf die Beiträge aller Produktionsfaktoren zur Leistungserstellung zurückzuführen.

■ **Messprobleme**

Bei Mehrproduktunternehmen lässt sich die Produktionsmenge nicht mehr in Mengeneinheiten messen, weil verschiedene Dinge (z.B. Produktarten) nicht addiert werden können. Man behilft sich dadurch, dass man die Produktionsmengen mit ihren Preisen vervielfacht und den Wert der Produktionsmengen in Euro angibt. Produktivitätsvergleiche können jedoch nur dann vorgenommen werden, wenn mit gleichbleibenden Preisen (konstanten Preisen, Verrechnungspreisen) gearbeitet wird. Werden sowohl die Produktionsmenge als auch die Einsatzmenge zu konstanten Preisen angegeben, spricht man auch von **mengenmäßiger Wirtschaftlichkeit**.

6.3.2 Wirtschaftlichkeit

> **Merke:**
>
> **Wirtschaftlichkeit** ist das Verhältnis erbrachter Leistung zu den für diese Leistung aufgewendeten Mitteln, also deren Kosten je Periode (z.B. je Geschäftsjahr).[1]
>
> $$\text{Wirtschaftlichkeit} = \frac{\text{Leistung}}{\text{Kosten}}$$

Der **Unterschied zwischen Wirtschaftlichkeit und Produktivität** besteht darin, dass die **Produktivität** ein **Mengenverhältnis** ausdrückt, während die **Wirtschaftlichkeit** ein **Wertverhältnis** darstellt. Praktisch heißt das, dass die Wirtschaftlichkeit – bewertet zu tatsächlichen Preisen – bei gleichbleibender Produktivität steigen oder fallen kann, wenn beispielsweise die Absatzpreise bei gleichbleibenden Kosten steigen bzw. fallen.

---

[1] Außerdem gibt es folgende Berechnungsmöglichkeit:
$\text{Wirtschaftlichkeit} = \frac{\text{Ertrag}}{\text{Aufwand}}$

> **Beispiel:**
>
> Der Monatsumsatz einer Seilerei betrug 3 192 000,00 EUR. Die monatlichen Kosten beliefen sich auf 3 040 000,00 EUR. Die Wirtschaftlichkeitskennzahl berechnet sich wie folgt:
>
> $$\text{Wirtschaftlichkeit} = \frac{3\,192\,000}{3\,040\,000} = \underline{\underline{1{,}05}}$$
>
> Die Wirtschaftlichkeitskennzahl 1,05 bedeutet, dass für jeden eingesetzten Euro ein Erlös von 1,05 EUR erzielt werden konnte.

6.3.3 Rentabilität

(1) Begriff

> **Merke:**
>
> **Rentabilität** (Kapitalrentabilität) ist der prozentuale Anteil eines erzielten Gewinns an einem eingesetzten Kapital. Sie stellt die Verzinsung eines investierten Kapitals dar.
>
> Die allgemeine Formel zur Berechnung der Kapitalrentabilität lautet also:
>
> $$\text{Rentabilität} = \frac{\text{Gewinn} \cdot 100}{\text{durchschnittlich eingesetztes Kapital}}$$

(2) Abgrenzung: Rentabilität, Produktivität, Wirtschaftlichkeit

■ **Rentabilität und Wirtschaftlichkeit**

Die (Kapital-)Rentabilität zeigt die Verzinsung des durchschnittlich eingesetzten Kapitals, die Wirtschaftlichkeit das Verhältnis von Leistung zu Kosten an.

■ **Rentabilität und Produktivität**

Von der Produktivität unterscheidet sich die Rentabilität dadurch, dass die **Produktivität** ein reines **Mengenverhältnis** angibt, während die **Rentabilität** eine **Wertbeziehung** darstellt.

6.3.4 Kennzahlen zur Beurteilung der Prozessqualität

Die Kennzahlen Produktivität, Wirtschaftlichkeit und Rentabilität haben statischen Charakter, weil sie Momentaufnahmen sind, die einen Periodenabschluss voraussetzen. Sie geben aber wenig Informationen darüber, inwieweit Prozessabläufe verbessert werden konnten. Die Qualität der Prozesse im Rahmen der Leistungserstellung muss sich aber insbesondere daran messen lassen, ob z.B. Fortschritte erzielt wurden im Rahmen der Terminierung, in einer Verkürzung der Durchlaufzeit, und damit der Kapitalbindungsdauer bzw. in einer Einhaltung zugesagter Liefertermine.

Beispiele für solche prozessorientierten Kennzahlen wären

- ein Prozentsatz, der angibt, wie viel Prozent der veranlassten Fertigungsaufträge auch termingetreu beendet und ausgeliefert wurden.

$$P_z = \frac{\text{Zeitgerecht ausgeführte Fertigungsaufträge} \cdot 100}{\text{veranlasste Fertigungsaufträge}}$$

- ein Prozentsatz, der angibt, wie viel Prozent der Durchlaufzeit beansprucht wird für
  - die reine Bearbeitungszeit am Werkstück

$$P_b = \frac{\text{Ist-Bearbeitungszeit/Werkstück} \cdot 100}{\text{Ist-Durchlaufzeit/Werkzeug}}$$

  - die Transportzeit zwischen den einzelnen Bearbeitungsstationen bzw. für die Wartezeit vor/nach der Bearbeitung

$$P_t = \frac{\text{Ist-Transportzeit/Werkstück} \cdot 100}{\text{Ist-Durchlaufzeit/Werkzeug}}$$

$$P_w = \frac{\text{Ist-Wartezeiten/Werkstück} \cdot 100}{\text{Ist-Durchlaufzeit/Werkstück}}$$

Vergleicht man die Entwicklung dieser Kennzahlen von Periode zu Periode, dann erhält man sehr klare Informationen darüber, ob es gelungen ist, die Maßnahmen zur Prozessoptimierung in der Realität umzusetzen.[1]

Zusammenfassung

Die Begriffe Produktivität, Rentabilität und Wirtschaftlichkeit weisen folgende Zusammenhänge auf:

- Die **Produktivität** gibt ein rein **mengenmäßiges Verhältnis** wieder und sagt nur etwas über die technische Ergiebigkeit der Produktion aus. Ob dadurch auch ein finanzieller Erfolg erzielt wird, lässt sich aus der Produktivität nicht ersehen. Allerdings wird eine unproduktive Produktion zu Verlusten führen und kann damit langfristig die Betriebsaufgabe zur Folge haben.
- Die **Wirtschaftlichkeit** setzt die Leistung zu den Kosten ins Verhältnis und zeigt damit auf, ob die erstellte Leistung zu einem Betriebsgewinn geführt hat. Es handelt sich um ein **Wertverhältnis**.
- Die **Rentabilität** bezieht dagegen den **Gesamterfolg** auf das eingesetzte Kapital und rechnet so dessen Verzinsung aus.
- Auf Dauer besteht zwischen diesen drei Größen folgender enger Zusammenhang:
  Durch den technischen Fortschritt wird das mengenmäßige Ergebnis der Produktion steigen (hohe Produktivität). Die Steigerung der Produktionsmenge führt in der Regel zu einer Senkung der Kosten je Stück (Massenproduktionsgesetz) und damit zu einer höheren Wirtschaftlichkeit, die im Normalfall auch zu einer Steigerung der Rentabilität führt.
- Die Qualität des Produktionsprozesses wird durch Prozesskennzahlen dokumentiert.

---

1 Weitere prozessbezogene Kennzahlen siehe S. 109.

Handwritten notes at top:
1.1 - tech. Ergiebigkeit eines Produktionsvorgangs stellt das Verhältnis v. Produktionsmengen zu den Einsatzmengen d. Produktionsfaktoren → Formel: P.menge / E.menge
- Wirtschaftl.keit: ist das Verhältnis zw. erbrachter Leistung u. aufgewendeten Mitteln = Kosten → Formel: Leistung / Kosten

Übungsaufgaben

26 1. 1.1 Erklären Sie die Begriffe Produktivität und Wirtschaftlichkeit!

1.2 Begründen Sie, ob sich Produktivität und Wirtschaftlichkeit gegenläufig entwickeln können! Begründen Sie Ihre Meinung an einem Beispiel!

1.3 Nennen Sie die ökonomische Kennzahl, die wie folgt ermittelt wird!

$$\frac{\text{mengenmäßige Ausbringung}}{\text{mengenmäßiger Einsatz}}$$

2. 2.1 Erklären Sie den Begriff Rentabilität!

2.2 Machen Sie den Unterschied zwischen Rentabilität und Produktivität deutlich!

2.3 Weisen Sie nach, dass Folgendes möglich ist: Das Unternehmen A arbeitet zwar produktiver als sein Konkurrent B, dennoch ist das Unternehmen A unwirtschaftlicher!

2.4 Nennen Sie Maßnahmen zur Steigerung der Arbeitsproduktivität im personellen Bereich!

2.5 Erläutern Sie, worin prinzipiell der Unterschied zwischen der Kennzahl Wirtschaftlichkeit und der Kennzahl Termintreue besteht!

3. Glaser Müller stellte zusammen mit seinen drei Gesellen im Monat Mai in 720 Arbeitsstunden 100 Fenster gleicher Größe und Qualität her, die auch verkauft wurden. Der Verkaufspreis je Stück betrug 150,00 EUR. Die Gesamtkosten der Glaserei beliefen sich im Mai auf 11 500,00 EUR. Das Eigenkapital betrug 280 000,00 EUR.

Aufgaben:

3.1 Berechnen Sie die Arbeitsproduktivität!

3.2 Berechnen Sie die Wirtschaftlichkeit!

27 Der Geschäftsleitung der Stehlin KG stehen folgende statistische Angaben zur Verfügung:

Monate	Mai	Juni	Juli
Leistung (umbauter Raum in m^3)	4 000	4 400	4 850
Arbeitsstunden	3 520	3 696	3 520
investiertes Kapital	3 Mio. EUR	3 Mio. EUR	3,2 Mio. EUR

Aufgaben:

1. Berechnen Sie die Entwicklung der Arbeits- und der Kapitalproduktivität für die Monate Mai und Juni!

2. Im Monat Juli hat das investierte Kapital zugenommen, weil ein Förderband im Wert von 200 000,00 EUR angeschafft wurde.

   2.1 Berechnen Sie die Arbeits- und die Kapitalproduktivität für den Monat Juli!

   2.2 Wie erklärt sich die Zunahme der Arbeits- und der Kapitalproduktivität? Erläutern Sie in diesem Zusammenhang das Zurechenproblem!

3. Aus der Buchführung sind folgende Zahlen zu entnehmen:

Monate	Mai	Juni	Juli
Eigenkapital	2,00 Mio. EUR	2,05 Mio. EUR	2,10 Mio. EUR
Fremdkapital	1,00 Mio. EUR	1,00 Mio. EUR	1,10 Mio. EUR
Umsatz	1,31 Mio. EUR	1,44 Mio. EUR	1,42 Mio. EUR
Kosten	1,25 Mio. EUR	1,30 Mio. EUR	1,28 Mio. EUR
davon Zinskosten	0,24 Mio. EUR	0,24 Mio. EUR	0,27 Mio. EUR

3.1 Berechnen Sie die Entwicklung der Wirtschaftlichkeit von Mai bis Juli!

3.2 Berechnen Sie die Entwicklung der Eigenkapital- und Gesamtkapitalrentabilität von Mai bis Juli![1]

3.3 Berechnen Sie die Umsatzrentabilität in den drei Berichtsmonaten! Unter Umsatzrentabilität versteht man den prozentualen Anteil des Reingewinns (hier: des Betriebsgewinns) am Umsatz.

3.4 Beurteilen Sie die von Ihnen errechneten Kennzahlen!

28 Ein Unternehmen möchte eine neue Stanzmaschine kaufen. Ihm stehen zwei Angebote zur Auswahl:

Maschine I: Anschaffungskosten 54 000,00 EUR; Leistung pro Jahr: 41 800 Stück; erforderliche Arbeitskräfte: 2; Arbeitsstunden pro Jahr je Arbeiter: 2040; Stundenlohn: 22,00 EUR; Kosten der Maschine je Tag laut Werksangabe: 60,00 EUR; Wert des erzeugten Produkts: 3,00 EUR; Arbeitstage: 240 im Jahr.

Maschine II: Anschaffungskosten 46 000,00 EUR; Leistung pro Jahr: 33 900 Stück; erforderliche Arbeitskräfte: 1; Arbeitsstunden pro Jahr je Arbeiter: 2040; Stundenlohn: 22,00 EUR; Kosten der Maschine je Tag laut Werksangabe: 110,00 EUR; Wert des erzeugten Produkts: 3,00 EUR; Arbeitstage: 240 im Jahr.

Aufgaben:

1. Berechnen Sie die Arbeitsproduktivität, Wirtschaftlichkeit und Rentabilität der beiden Maschinen!
2. Führen Sie Gründe auf, die für die Beschaffung der Maschine I bzw. der Maschine II sprechen!

6.4 Qualitätsmanagement

6.4.1 Entwicklung des Qualitätsgedankens[2] und die Notwendigkeit eines Qualitätsmanagements

(1) Entwicklung des Qualitätsmanagements

Bis in die Mitte der 60er-Jahre erfolgte die Sicherstellung der Produktqualität dadurch, dass am Ende des Produktionsprozesses von Spezialisten Prüfungen und Kontrollen vorgenommen wurden (**Qualitätskontrolle**). Fehlerhafte Produkte mussten nachgearbeitet oder gar ausgesondert werden. Dies verlangte erheblichen Aufwand, wenn z.B. ein fehlerhaftes Teil im Motorraum eines Autos eingebaut und im weiteren Produktionsfortschritt zusätzliche, fehlerfreie Komponenten hinzumontiert wurden, sodass der Zugang zum fehlerhaften Teil nur schwer möglich war. Qualitätsfortschritte wurden dadurch sichergestellt, dass die Prüfungsanforderungen strenger, also mit weniger Toleranzen formuliert wurden.

Der Übergang von der Qualitätskontrolle zur **Qualitätssicherung** bestand darin, dass es nunmehr Ziel war, Fehler in ihrer Entstehung von vornherein zu vermeiden. Ein wichtiger Beitrag hierfür wurde bereits in der Phase der Produktentwicklung geleistet, indem dort auf eine fertigungs- bzw. montagegerechte Konstruktion geachtet wurde. Mitte der 90er-Jahre wurde das Qualitätsdenken auf alle Prozesse des Unternehmens angewendet. Alle

---

[1] Eigenkapitalrentabilität = $\dfrac{\text{Gewinn} \cdot 100}{\text{Eigenkapital}}$ Gesamtkapitalrentabilität = $\dfrac{(\text{Gewinn} + \text{Fremdkapitalzinsen}) \cdot 100}{\text{Gesamtkapital}}$

[2] Vgl. Arno Gramatke, Informatik im Maschinenbau II, Quelle: www-ziw-ima.vwth-aachen.de/lehre/vorlesungen_uebungen/informatik 2/download/referat_qssoftware.pdf, Seite 4.

Mitarbeiter und auch das Management wurden in das Qualitätsmanagement einbezogen. Im Rahmen eines ganzheitlichen Ansatzes **(TQM: Total Quality Management)**[1] wurde nicht nur die Qualität der Produkte, sondern auch die der Prozesse, der Mitarbeiter und Produktionsanlagen verbessert. Somit deckt der ursprünglich aus dem technischen Bereich der Produktion stammende Anspruch an Qualität nunmehr auch den Verwaltungsbereich ab. Grafisch lässt sich diese Entwicklung im nachfolgenden Schaubild darstellen.

1950	1960	1970	1980	1990	2000

Qualitätskontrolle	Qualitätssicherung	Total Quality Management (TQM)
■ Qualität ist die Aufgabe von Spezialisten ■ Kontrolle am Ende des Produktionsprozesses ■ Qualitätsverbesserung durch strengere Prüfanforderungen ■ Fokus auf fehlerfreiem Erzeugnis	■ Qualität ist die Aufgabe von Spezialisten ■ Kontrolle bereits in der Phase des Entwicklungsprozesses ■ Qualitätsverbesserung durch Vorbeugung ■ Beginn des prozessorientierten Denkens ■ Fokus auf technischen Bereich	■ Einbeziehung des Managements, aller Mitarbeiter und aller Prozesse über den gesamten Lebenszyklus des Produkts ■ Fokus auf Zufriedenheit des Kunden

Nach heutigem Verständnis des Qualitätsmanagements liegt die Verantwortung für die Produkt- und Dienstleistungsqualität nicht mehr bei einer speziellen Abteilung, sondern bei jedem Mitarbeiter selbst.

(2) Notwendigkeit eines Qualitätsmanagements

Als Gründe für den hohen Stellenwert des Qualitätsmanagements sind u.a. folgende Argumente zu nennen:

- Aufgrund der Globalisierung der wirtschaftlichen Verflechtungen verfügen die Kunden über ein **höheres Maß an Transparenz** in Bezug auf die **weltweit verfügbare Qualität**. Damit steigt deren Qualitätsanspruch.
- Durch die zunehmende Verflechtung unternehmensübergreifender Prozesse (Supply Chain Management)[2] wird häufig auf die **Eingangskontrolle verzichtet** und diese auf den **Vorlieferanten übertragen.**
- Die immer größer werdende Komplexität der Erzeugnisse kann nur beherrscht werden, wenn **alle Komponenten fehlerfrei** sind.
- Ohne **Qualitätszertifizierung** erhalten Unternehmen heute als Zulieferer kaum mehr Aufträge. Der nachvollziehbare Beweis für die Existenz eines Qualitätsmanagementsystems wird zum Überlebenskriterium und damit zu einem strategischen Wettbewerbsfaktor.
- Schlechte Qualität führt zu **Garantieansprüchen** und **Kulanzerwartungen,** u.U. zu Schadensersatzforderungen und Imageverlusten.

---

1 Siehe hierzu die Ausführungen auf S. 138f.
2 **Supply Chain Management** hat das Ziel, mit einer **geringen Anzahl** von Lieferanten **langfristig strategisch zusammenzuarbeiten,** um dadurch eine **schnelle und reibungslose Auftragsabwicklung** bis zur Bezahlung zu erreichen.

6.4.2 Begriffe Qualität und Qualitätsmanagement

Qualität ist kein feststehender Begriff, sondern hängt ab vom Verwendungszweck. Ob die geforderte Qualität erfüllt ist, wird über sogenannte Qualitätsmerkmale beurteilt. So muss ein Fahrrad, das für ein Zeitfahren verwendet wird, ganz andere Qualitätsmerkmale erfüllen als ein Mountainbike. Ein Speiseapfel wird nach den Qualitätsmerkmalen Geschmack, Festigkeit, Frische beurteilt. Wird er jedoch für eine Wilhelm-Tell-Aufführung benötigt, so stehen die Merkmale Größe und Farbe im Vordergrund.

> **Merke:**
>
> Der Begriff **Qualität** kann aus Sicht der Qualitätskontrolle (Funktionstüchtigkeit) oder aus Sicht der Kunden verstanden werden.
>
> - Aus **Sicht der Qualitätskontrolle** (Funktionstüchtigkeit) gibt die Qualität an, in welchem Maße die **Eigenschaften einer Leistung** (eines Produkts / einer Dienstleistung) die festgelegten, vorausgesetzten oder verpflichtenden **Anforderungen erfüllt.**
> - Aus **Sicht der Kunden** ist Qualität dann gegeben, wenn eine Leistung (ein Produkt, eine Dienstleistung) alle vom **Kunden gewünschten Eigenschaften** besitzt.

Die Festlegung, **welche qualitativen Ansprüche** an ein Produkt zu stellen sind, ist nur der erste und deutlich leichtere Schritt. Wichtiger und schwieriger ist es, dieses Qualitätsziel zu **erreichen** und zu **sichern**. Letzteres ist Aufgabe des Qualitätsmanagements.

> **Merke:**
>
> - Das **Qualitätsmanagement** hat zum einen die Aufgabe, **Fehler zu vermeiden,** und zum anderen soll im Rahmen eines kontinuierlichen Verbesserungsprozesses ein beständig **höheres Qualitätsniveau** erreicht werden.
> - **Qualitätsmanagement** beschäftigt sich damit,
>   - die Festlegung der Qualitätspolitik und der Qualitätsziele,
>   - die Qualitätsplanung,
>   - die Qualitätslenkung,
>   - die Qualitätssicherung und
>   - die Qualitätsverbesserung
>
>   einer Organisation aufeinander abzustimmen.

Eine wichtige Hilfestellung hierbei leisten **Qualitätsmanagementmodelle,** unter denen die **DIN EN ISO 9000-Serie**[1] das bekannteste Qualitätsmanagementmodell ist. Sie stellen quasi einen Leitfaden für Organisationen dar, um die selbst gesteckten Qualitätsziele systematisch und sicher zu erreichen.

---
1 Siehe S. 134ff.

6.4.3 Zielkonflikt zwischen Qualität, Zeitbedarf und Kosten sowie dessen Lösung

Die gleichzeitige Verfolgung der Unternehmensziele Qualität, Zeit und Kosten ist nicht durchführbar, da Zielkonflikte auftreten. Beispielhaft für einen Zielkonflikt werden die Beziehungen zwischen Qualitätskosten und hohem Qualitätsstandard dargestellt.

Kosten, die durch die Qualitätsorientierung angefallen sind, bezeichnet man als **Qualitätskosten**. Man unterscheidet drei Arten von Qualitätskosten: **Fehlerverhütungskosten, Prüfkosten** und **Fehler-/Fehlerfolgekosten**.

Zwischen den Fehlerverhütungs- und Prüfkosten und den Fehler-/Fehlerfolgekosten besteht eine Wechselwirkung. Wird viel für Fehlerverhütung und Prüfung aufgewendet, nehmen die Kosten für die Fehler-/Fehlerfolgekosten ab. Die kostenoptimale Kontrollstrategie liegt dann dort, wo die Summe aus Fehlerverhütungs-/Prüfkosten und den Fehler-/Fehlerfolgekosten ihr Minimum erreichen.

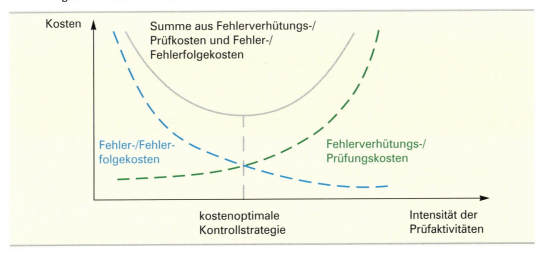

Das Qualitätsmanagement ist ein Beitrag dazu, die Konflikte aus dem Spannungsdreieck Qualität – Zeit – Kosten aufzulösen. Verwirklicht man dieses Konzept, dann führt dies zu einer Verbesserung der Geschäftsprozesse. Es führt zu hochwertigerer Produktqualität, verringert die Kosten der Nacharbeit und führt zu kürzeren Durchlaufzeiten. Das ursprünglich unlösbare Optimierungsproblem aus den gleichwertigen Zielen Qualität – Zeit – Kosten führt zu einer Zielharmonie, wenn man dem Ziel Qualität oberste Priorität einräumt. Grafisch lässt sich diese Entwicklung wie folgt darstellen:

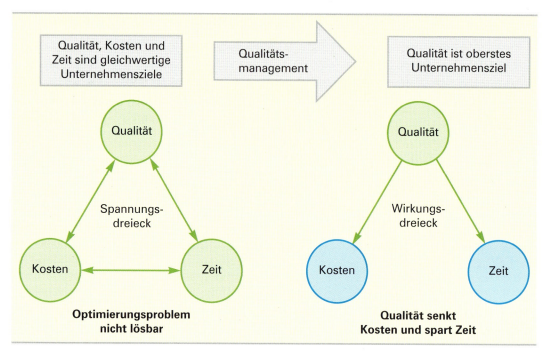

Dieses Wirkungsdreieck lässt sich gedanklich fortsetzen zu einer ganzen Wirkungskette. Ausgehend von einer verbesserten Qualität und damit sinkenden Kosten führt es auch zu wettbewerbsfähigeren Preisen. Wettbewerbsfähige Preise sichern die Marktposition des Unternehmens und damit die dort vorhandenen Arbeitsplätze und führen damit zu einem langfristigen, stabilen Unternehmenserfolg.

6.4.4 Maßnahmen für ein Qualitätsmanagement

6.4.4.1 Normenreihe DIN EN ISO 9001:2008 ff.[1]

(1) Überblick

Aus der Schreibweise der Norm ist zu erkennen, für welchen regionalen Geltungsbereich die Norm anerkannt ist und angewendet wird:

DIN Deutsches Institut für Normung (bundesweite Anerkennung)
EN Europäische Norm (europaweite Anerkennung)
ISO International Organization for Standardization (weltweite Anerkennung)

Qualitätsmanagementsysteme werden derzeit in der Fassung DIN EN ISO 9001:2008 zertifiziert. Diese Normenreihe stellt die Prozessorientierung in den Vordergrund. Damit entspricht das Qualitätsmanagementsystem besser dem betrieblichen Geschehen. Das neue Normensystem schafft dem Unternehmen die Gestaltungsfreiheit, sich an den eigenen Unternehmens- und Qualitätszielen, den unternehmensindividuellen Prozessen sowie an den Bedürfnissen und Erwartungen der internen und externen Kunden zu orientieren.

---

[1] Vgl. hierzu: Qualitätsmanagementsysteme. Ein Wegweiser für die Praxis. Herausgeber: Industrie- und Handelskammern in Nordrhein-Westfalen und Baden-Württemberg, Düsseldorf 2003.

Das **Regelwerk der DIN EN ISO 9000:2008-Familie** umfasst folgende Bestandteile:

DIN EN ISO 9000:	Grundlagen und Begriffe, Definitionen
DIN EN ISO 9001:	Qualitätsmanagement: Forderungen
DIN EN ISO 9004:	Qualitätsmanagement: Anleitung zur Verbesserung der Leistungen
DIN EN ISO 19011:	Leitfaden für das Auditieren von Qualitätsmanagement- und Umweltmanagementsystemen

(2) Kennzeichen der Qualitätsmanagementsysteme nach DIN EN ISO 9000:2008

Die Normen der DIN EN ISO 9000:2008 fordern die Anwendung eines prozessorientierten Ansatzes. Das Modell eines prozessorientierten Qualitätsmanagementsystems lässt sich wie folgt schematisch darstellen:

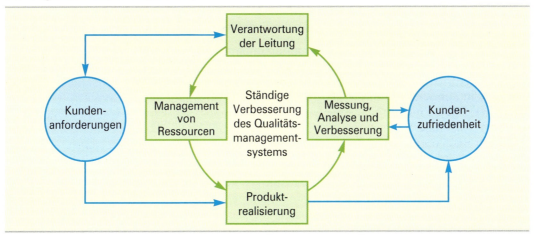

Erläuterungen:

Kundenzufriedenheit	DIN EN ISO 9001:2008 misst der Erreichung der Kundenzufriedenheit **herausragende Bedeutung** bei. Die Wünsche und Erwartungen der Kunden lassen sich ermitteln, indem die **betriebsinternen Informationen** des Vertriebs genutzt werden, durch Kundenbefragung, Forderungen nach Garantieleistungen, Händlerberichte, Auswertung von Marktdaten oder Vergleich mit dem Wettbewerb. Zusätzlich sind **produktbezogene Verpflichtungen** aufgrund gesetzlicher Vorgaben, Normen zu berücksichtigen. Auf der Basis dieser beiden Informationskreise lassen sich die Anforderungen an die eigenen Produkte formulieren hinsichtlich Zuverlässigkeit, Preis, Sicherheit usw.
Verantwortung der Leitung	DIN EN ISO 9001:2008 nimmt das Unternehmensmanagement in die Pflicht und verhindert so, dass die Verantwortung für das Qualitätsmanagement an Beauftragte delegiert wird. Die Unternehmensleitung soll selbst über Qualitätspolitik und Qualitätsziele des Unternehmens entscheiden. Außerdem ist es Aufgabe der Unternehmensleitung, das QM-System in Bezug auf Eignung, Angemessenheit, Effizienz und Änderungsbedarf zu bewerten und gegebenenfalls fortzuentwickeln.

Management von Ressourcen	Kundenzufriedenheit und Unternehmenserfolg kann nur erreicht werden, wenn qualifiziertes, motiviertes Personal und eine entsprechende Infrastruktur an Gebäuden, Einrichtungen und Betriebsmitteln zur Verfügung steht. Zu Letzterem gehört insbesondere auch ein effizientes Informationssystem, das den Mitarbeitern zielgruppengerecht Auskunft gibt über den Stand der innerbetrieblichen Vorgänge.
Produktrealisierung	Kein Unternehmen kann es sich mehr leisten, Zusagen in Bezug auf Termin, Stückzahl, Produktanforderungen und -qualität nicht einzuhalten. Daher sind die Unternehmensabläufe so zu gestalten, dass die Kunden optimal betreut und ihre Anforderungen sichergestellt werden.
Messung, Analyse und Verbesserung	Im Unternehmen müssen sowohl die Produkte und Dienstleistungen, die Wirksamkeit und Effizienz der Prozesse als auch das Qualitätsmanagement und die Organisation ständig optimiert werden. Um Verbesserungspotenziale, Schwachstellen und Fehler zu erkennen, müssen Informationen systematisch gesammelt und aufbereitet werden. Informationen über die **Kundenzufriedenheit** erhält man z.B. über Kundenbefragungen, Branchenstudien oder über ein definiertes Reklamationsverfahren. Informationen über die **Fertigungsprozesse** lassen sich z.B. gewinnen durch Auswertung der Daten aus dem elektronischen Fertigungsleitstand oder von Stichprobenprüfungen. Um die **Qualität der Verwaltungsprozesse** zu beurteilen, kann man sich prozessbezogener Kennzahlen bedienen, wie z.B. Anteil der Kundenanfragen, die auch zu Aufträgen werden, Anteil der fehlerfrei bzw. termingerecht ausgelieferten Aufträge. Die gewonnenen Kennzahlen müssen in Beziehung gesetzt werden zu eigenen Zielvorgaben oder zu vergleichbaren Kennzahlen, die sich an den besten messen **(Benchmarking)**.

Ein eingeführtes Qualitätsmanagementsystem ist eine „Never-ending-Story". Wird dieser Prozess der Qualitätsverbesserung erst einmal gestartet, dann entwickelt sich die Organisation über einen Regelkreis (PDCA-Zyklus)[1] tendenziell immer näher an die vollkommene Erfüllung der Kundenwünsche („Immer-besser-Modell"). Da die Kundenwünsche sich aber stetig ändern, kommt der Entwicklungsprozess allerdings auch nie zur Ruhe.

(3) Inhalt und Umfang der DIN EN ISO 9000:2008ff.

Aus der Kapitelgliederung der Normvorschrift lassen sich zugleich die wesentlichen Inhalte der Normen erkennen:

0. Einleitung
1. Anwendungsbereich
2. Verweis auf andere Normen
3. Begriffe
4. Forderungen an das Qualitätsmanagementsystem
5. Verantwortung der Leitung
6. Management der Mittel
7. Produktrealisierung
8. Messung, Analyse und Verbesserung

---
[1] Siehe S. 141.

Die angegebenen Kapitelnummern werden in aller Regel auch als Gliederungssystem im Qualitätsmanagementhandbuch verwendet. Die Abschnitte 4 bis 8 enthalten die konkreten Anforderungen, die im Rahmen eines Zertifizierungsverfahrens darzulegen sind.

So müssen z. B. im Rahmen des Kapitels 5 „Verantwortung der Leitung" im Qualitätsmanagementhandbuch Aussagen darüber getroffen werden,

- in welcher Weise die Unternehmensleitung eine **konsequente Kundenorientierung** innerhalb der Organisation vermitteln will und wie die **Kundenzufriedenheit** kontinuierlich erhöht werden soll.
- in welcher Weise sie **gesetzliche und behördliche Auflagen** innerhalb der Organisation vermittelt und wie diese umgesetzt werden sollen.
- wie das **Qualitätsmanagementsystem** selbst innerhalb der Organisation eingerichtet werden soll.
- welche konkreten und messbaren **Qualitätsziele** die Unternehmensleitung verfolgt.
- wie innerhalb der Organisation die **Verantwortungsbereiche** und die **Befugnisse** klar aufzuteilen sind.
- Auch ist zu klären,
  - wie (z. B. durch Organigramm, Stellenbeschreibungen)
  - an wen (z. B. eigene Mitarbeiter, Kunden, Lieferer, Behörden)
  - auf welche Weise (z. B. Aushang, Intranet, Internet)

  diese **Zuständigkeitsbereiche kommuniziert** werden, damit alle Betroffenen innerhalb und außerhalb der Organisation sich direkt an den **richtigen Ansprechpartner** wenden können.

(4) Grundsätze des Qualitätsmanagements nach DIN EN ISO 9000:2008ff.

Die Normenfamilie ISO 9000:2008 basiert auf den folgenden acht Grundsätzen des Qualitätsmanagements.

Grundsatz	Bedeutung
Kundenorientierung	Da das Unternehmen von seinen Kunden abhängt, muss es die gegenwärtigen und die künftigen Kundenerwartungen verstehen, diese Anforderungen erfüllen und nach Möglichkeit noch übertreffen.
Führung	Es ist Aufgabe des Managements, im Unternehmen die strukturellen Voraussetzungen zu schaffen, damit sich die Mitarbeiter für die Erreichung der Qualitätsziele einsetzen können.
Einbeziehung der Mitarbeiter	Nur die vollständige Einbeziehung der Mitarbeiter schöpft deren Potenziale zum Nutzen der Organisation aus.
Prozessorientierung	Ein erwünschtes Ergebnis lässt sich effizienter erreichen, wenn Tätigkeiten und die dazugehörigen Ressourcen als Prozess geleitet werden.
Lieferantenbeziehungen zum beiderseitigen Nutzen	Das Unternehmen hängt nicht nur von seinen Kunden, sondern auch von seinen Lieferanten ab. Wird die Beziehung so gestaltet, dass eine Win-Win-Situation entsteht, dann können beide Seiten ihre Wertschöpfung erhöhen.
Entscheidungen basierend auf Daten	Entscheidungen werden nicht emotional gefällt, sondern beruhen auf einer vorherigen Analyse von Daten und Informationen.

Grundsatz	Bedeutung
Unternehmensprozesse an den Zielen orientieren	Das Unternehmen wird seine Ziele wirksam und effizient erreichen, wenn es die im Unternehmen ablaufenden und untereinander in Wechselbeziehung stehenden Prozesse erkennt, versteht, leitet und lenkt.
Kontinuierliche Verbesserung	Die kontinuierliche Verbesserung der gesamten Organisation und der Prozesse im Sinne einer Rückkoppelung stellt ein permanentes Ziel der Unternehmung dar.

(5) Zertifizierung nach DIN EN ISO 9000:2008ff.

Wer in einem Unternehmen ein Qualitätsmanagementsystem nach den modellhaften Anforderungen der DIN EN ISO 9001:2008 eingeführt hat, kann in einem nächsten Schritt die Überprüfung (auch **Audit** genannt) durch eine Zertifizierungsstelle beantragen.

> **Merke:**
>
> **Zertifizierung** ist ein Überprüfungs- und Bestätigungsverfahren durch eine unparteiische Instanz, das zeigt, dass sich ein entsprechend bezeichnetes Erzeugnis, Verfahren oder eine Dienstleistung in Übereinstimmung mit einer bestimmten Norm oder einem bestimmten anderen normativen Dokument befindet.

Zertifizierungsstellen (auch **Auditoren** genannt) für Qualitätsmanagementsysteme sind in Deutschland beispielsweise die TÜV Zertifizierungsgemeinschaft e.V. (TÜV Cert) in Bonn, die Deutsche Gesellschaft zur Zertifizierung von Qualitätsmanagementsystemen mbH (DQS) in Berlin, der DEKRA AG Zertifizierungsdienst in Stuttgart u.a.m.

Zwar ist die Zertifizierung keine Pflicht, jedoch ist es z.B. in der Branche der Automobilindustrie eine Eingangsvoraussetzung für die Zulieferer. Der Nachweis einer Zertifizierung nach ISO 9001 signalisiert einem Kunden, dass die unternehmensinternen Abläufe, Prozesse und Strukturen definiert sind, dass sie funktionieren und der Betrieb sich um eine kontinuierliche Qualitätssteigerung bemüht. Halten sich alle Mitarbeiter an diese definierten Abläufe, dann ist eine qualitativ einwandfreie Leistung zu erwarten.

6.4.4.2 Konzept des Total Quality Managements (TQM)

> **Merke:**
>
> Zerlegt man den Begriff Total Quality Management in seine Bestandteile, dann steht
> - **Total** dafür, dass alle Mitarbeiter auf allen Ebenen, insbesondere auch die Kunden und Lieferanten in ein ganzheitliches Denken einbezogen werden.
> - **Quality** dafür, dass die fast selbstverständliche Qualität der Produkte und Dienstleistungen eine Folge der Qualität der Arbeit und der Prozesse ist.
> - **Management** dafür, dass es primär der Führungsaufgabe und der Führungsqualität des Managements bedarf, um dieses Konzept im gesamten Unternehmen lebendig sein zu lassen.

Einfach ausgedrückt beginnt Total Quality Management dort, wo ISO 9001 endet, es ist die Kür nach der Pflicht. Hinter ISO 9001 verbirgt sich ein **System von Normen, eine Technik des Vorgehens**. Total Quality Management ist hingegen eine **Philosophie**. Man könnte es auch mathematisch ausdrücken:

> Qualität (im TQM) = Technik + Geisteshaltung

TQM setzt ein Qualitätsmanagementsystem nach ISO 9001 **nicht** voraus, ist jedoch häufig in ein solches System eingebettet; so kann z. B. der durch das ISO-System definierte Fluss von Dokumenten und Informationen für das TQM genutzt und weiter verbessert werden.

Die beiden Konzepte nach DIN EN ISO 9000:2008 ff. und Total Quality Management lassen sich schlaglichtartig einander gegenüberstellen:

Kriterien	DIN EN ISO 9000:2008 ff.	Total Quality Management
Grundgedanke	Definition, Verbesserung und Normierung der **Prozesse**.	Einrichtung **überragender Praktiken** („Business Excellence") innerhalb der Organisation, um damit anschließend überragende Ergebnisse („Best in Class") zu erzielen. Die Beherrschung von Prozessen gehört dazu, ist aber nicht alles.
Tragweite	Tendenziell **statischer** Charakter: Ziel ist die **Erlangung eines Zertifikats,** einer Bestätigung dafür, dass bestimmte Qualitätsanforderungen erfüllt sind.	Tendenziell **dynamischer** Charakter: Ziel ist die **Einrichtung eines kontinuierlichen Verbesserungsprozesses,** der seine Dynamik aus den Vergleichen zum Branchenführer („Best in Class") oder aus branchenübergreifenden Vergleichen („Benchmarks") gewinnt.
Fokus auf ...	... Erfüllung der Erwartungen der beteiligten Gruppen (z. B. Kunden, Lieferer, Mitarbeiter, Geschäftspartner, Gesellschaft) in der **Gegenwart**.	... Erfüllung der Erwartungen der beteiligten Gruppen (z. B. Kunden, Lieferer, Mitarbeiter, Geschäftspartner, Gesellschaft) in der **Zukunft**.
Verantwortung des Einzelnen	Der Verantwortungs- und Aufgabenbereich des Mitarbeiters ist durch die Definition der Prozesse (Organisationssicht) festgelegt. Die Einrichtung eines Prozessverantwortlichen, Nachschulungen und Audits sichern die Stabilität der Prozesse und damit die der Qualität.	TQM ist ein langfristiges Unternehmenskonzept, das den pro-aktiven Mitarbeiter als wichtigsten Garant zur Erreichung des Qualitätsziels begreift. Proaktiv heißt z. B., dass nicht erst eine Beschwerde des Kunden notwendig ist, um eine Verbesserung einzuleiten, sondern dass der Mitarbeiter vorausschauend nach neuen Verbesserungsmöglichkeiten sucht. Die Verantwortung für Qualität liegt bei allen Mitarbeitern und ist unabhängig von Status und Hierarchie.

6.4.4.3 Kontinuierlicher Verbesserungsprozess (KVP) – Kaizen

(1) Begriff

> **Merke:**
>
> - Unter dem Begriff **kontinuierlicher Verbesserungsprozess** (KVP) versteht man ein Bündel von Maßnahmen mit dem Ziel, **Erzeugnisse** und **betriebliche Prozesse** weiterzuentwickeln und zu verbessern.
> - Die Weiterentwicklung erfolgt nicht in einem Schritt oder wenigen großen Schritten, sondern in einer Vielzahl von **beständigen (kontinuierlichen) kleinen Verbesserungsschritten,** die erst in ihrer Gesamtheit zum erwünschten Erfolg führen.[1]

(2) Erläuterung des KVP-Konzepts

In westlichen Industrienationen dominiert das Denken in Innovationssprüngen, während in der asiatischen Denkweise die kleinen alltäglichen Verbesserungen im Vordergrund stehen.

Die nachfolgende Tabelle zeigt eine Gegenüberstellung des KVP-Konzepts[2] zum Konzept der Innovation mit seinen sprunghaften Veränderungen durch neue Technologien, neue Produktionstechniken, Organisationsmodelle und Managementkonzepte (westliche Denkweise).

	KVP-Konzept	**Innovation**
Zeitlicher Rahmen	stetig und ununterbrochen	kurzfristig und sprunghaft
Ziel	Streben nach detaillierter Verbesserung von Produkt und Prozess	Streben nach großen Fortschritten in kurzer Zeit
Basis	auf bestehenden Systemen und Technologien aufbauend	ständige Suche nach Entwicklung von neuen Technologien
Personaleinsatz	jeder Mitarbeiter und jede Führungskraft	Spezialisten, Konstrukteure
Erforderliche Eigenschaften	■ Anpassungsfähigkeit ■ Kollektivgeist ■ Leistungsbereitschaft	■ Kreativität ■ Individualität ■ individuelle Leistung
Devise (Leitlinie)	Erhaltung und Verbesserung	Abbruch und Neuaufbau
Investitionsmittel	geringer Kapitalbedarf	hoher Kapitalbedarf
Erfolgschance	gleichbleibend hoch	abrupt und unbeständig
Bewertungskriterien	Produktivitäts- und Qualitätskennzahlen	ergebnisorientierte Kennzahlen (z. B. Umsatz, Kosten, Deckungsbeitrag)
Tendenzieller Einsatz	in langsam wachsenden Branchen	in schnell wachsenden Branchen

---

[1] Diese Vorgehensweise geht auf die insbesondere aus Japan stammende Kaizen-Philosophie (Verbesserung in kleinen Schritten [KAIZEN]) zurück.

[2] Vgl. „Lean Production", Institut für angewandte Arbeitswissenschaft, Köln 1992.

(3) PDCA-Kreislauf (Deming-Kreislauf)

Für den Prozess der kontinuierlichen Verbesserung und damit für ein wirksames Qualitätsmanagement-System im Sinne eines „Immer-besser-Modells" ist die Einführung eines Plan-Do-Check-Act-Regelkreises nach W. Edwards Deming von besonderer Bedeutung. Schematisch lässt sich dieser Regelkreis wie folgt darstellen:

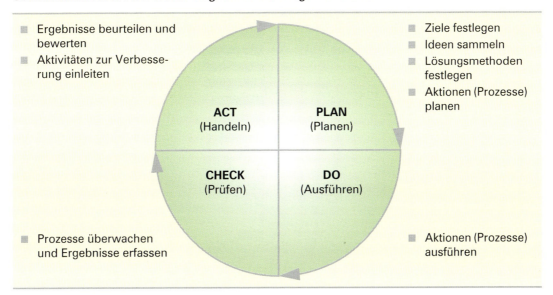

Mit jedem Durchlauf des Zyklus verbessert sich das Qualitätsniveau der Organisation und setzt damit das Ziel der kontinuierlichen Verbesserung in die Realität um.

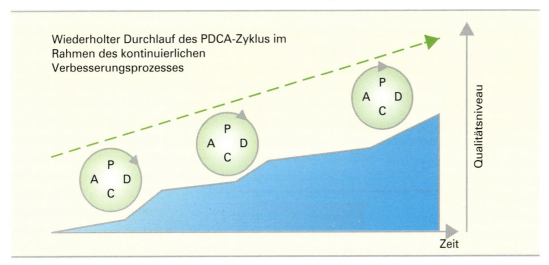

Im Rahmen des kontinuierlichen Verbesserungsprozesses werden die bestehenden Strukturen, Prozesse und Regelungen ständig dahingehend hinterfragt, ob sie nicht qualitativ verbessert werden könnten. Ziel ist also nicht die Umwälzung, die völlige Neuordnung, sondern die beständige Analyse, Bewertung und Verbesserung des eigenen Handelns.

6.4.4.4 Betriebliches Vorschlagswesen

(1) Grundgedanke des betrieblichen Vorschlagswesens

Das betriebliche Vorschlagswesen ist ein zentraler Baustein des kontinuierlichen Verbesserungsprozesses (Kaizen) und damit des Total Quality Managements. Es unterstützt wirksam die ständige Verbesserung in allen Bereichen, also nicht nur die Verbesserung der Produkte, sondern auch aller Abläufe und Prozesse, beginnend von der Entwicklung über die Herstellung bis zum Vertrieb der Produkte. Entwickelt wurde dieses System in Japan von Toyota.

Der Erfolg des kontinuierlichen Verbesserungsprozesses liegt begründet im hohen Engagement aller Mitarbeiter, die darauf vertrauen können, mit der ständigen Rationalisierung nicht ihren eigenen Arbeitsplatz zu gefährden.

Das **betriebliche Vorschlagswesen,** das weitestgehend mit Geld motiviert, beruht auf folgenden **Grundgedanken**:

- In der Mitarbeiterschaft steckt eine enorme Kreativitätsreserve. („Keiner ist so klug wie alle.")
- Diese Kreativität stellen die Mitarbeiter dem Unternehmen nicht freiwillig zur Verfügung.
- Folglich muss für materielle und/oder immaterielle Anreize gesorgt werden, damit Mitarbeiter Verbesserungsvorschläge machen.
- Eine Institution muss diese Vorschläge beurteilen und je nach Wirkungsgrad belohnen.

Wird für das betriebliche Vorschlagswesen im Unternehmen eine Bewertungstelle (Kommission) eingerichtet, so steht dem **Betriebsrat** nach § 87 I, Ziff. 12 BetrVG ein **Mitbestimmungsrecht** zu.

Merke:

Während die Teilnahme an den Qualitätszirkeln im Rahmen des KVP ein verpflichtender Teil der eigentlichen Arbeitsaufgabe ist, handelt es sich beim herkömmlichen betrieblichen Vorschlagswesen um eine freiwillige Zusatzleistung, die auch zusätzlich honoriert wird.

(2) Kritik an dem herkömmlichen betrieblichen Vorschlagswesen

Inzwischen gerät diese Denkweise in die Kritik,[1] vor allem dann, wenn das betriebliche Vorschlagswesen eine isolierte Stellung im Betrieb hat und nicht eingebettet ist in ein Konzept der kontinuierlichen Verbesserung und damit in ein Total Quality Management. Die Gründe hierfür sind nachvollziehbar:

- Die Denkweise beruht auf **Misstrauen gegenüber dem Mitarbeiter** und unterstellt ihm mangelnde Motivation am qualitativen Fortschritt des gesamten Unternehmens.
- Das Engagement des Mitarbeiters verschiebt sich vom Interesse an der Sache zum **Interesse an der Belohnung.**
- Beziehen sich die Verbesserungsvorschläge auf den Kollegen und/oder auf den Vorgesetzten, dann können sie zu **sozialen Spannungen** führen oder unterbleiben völlig.
- Das System lässt sich „melken". Die **Mitarbeiter sprechen sich ab** und reichen jeweils den Verbesserungsvorschlag für den Arbeitsplatz des Kollegen ein.
- Wenn Verbesserungsvorschläge unterbleiben, nur weil sie nicht mehr mit Prämien belohnt werden, werden die eigentlichen **Schwächen des Betriebs** in Bezug auf den Führungsstil, das Verhältnis zwischen Vorgesetzten und Mitarbeitern sowie deren Loyalität, Engagement und Identifikation zum Unternehmen offensichtlich.

Um aus dieser vordergründigen, prämienfixierten Haltung herauszufinden, gilt es, den Nutzen des Total Quality Managements für die einzelnen Mitarbeiter durchschaubar zu machen. Damit werden aus Betroffenen Beteiligte. In derartigen Rahmenbedingungen sind dann Verbesserungsvorschläge nicht die Ausnahme, sondern die Regel. Außerdem bemühen sich nicht Einzelne, sondern alle um Verbesserungen.

Zusammenfassung

- Die **Notwendigkeit** des **Qualitätsmanagements** ergibt sich aus
    - gesetzlichen Vorgaben (z. B. Produkthaftungsgesetz, Produktsicherheitsgesetz),
    - steigenden Ansprüchen der Kunden,
    - verschärftem Wettbewerb und
    - der eigenen Unternehmensphilosophie.
- Maßnahmen eines Qualitätsmanagements sind die Zugrundelegung der **Normenreihe DIN EN ISO 9000:2008 ff.**, das **Konzept des Total Quality Managements** (TQM), die Verwendung des **KVP-Konzepts (Kaizen)** sowie das **betriebliche Vorschlagswesen.**
    - Eine wichtige **Normenreihe** für das Qualitätsmanagement ist die **DIN EN ISO 9000:2008 ff.** Das Regelwerk der DIN EN ISO 9000:2008-Familie umfasst folgende Bestandteile:
    DIN EN ISO 9000: Grundlagen und Begriffe, Definitionen
    DIN EN ISO 9001: Qualitätsmanagement: Forderungen
    DIN EN ISO 9004: Qualitätsmanagement: Anleitung zur Verbesserung der Leistungen
    DIN EN ISO 19011: Leitfaden für das Auditieren von Qualitätsmanagement- und Umweltmanagementsystemen
    - Das **TQM** ist eine auf der Mitwirkung aller Mitarbeiter beruhende Führungsmethode, die die Qualität in den Mittelpunkt stellt, um durch die Zufriedenheit der Kunden einen langfristigen Geschäftserfolg sowie einen Nutzen für die Mitarbeiter und die Gesellschaft zu erzielen.

---

1 Siehe Reinhard K. Sprenger: „Ideen bringen Geld – bringt Geld auch Ideen?", HARVARD BUSINESS manager 1/1994.

- Beim **kontinuierlichen Verbesserungsprozess (KVP)** erfolgt die Weiterentwicklung der Erzeugnisse und der betrieblichen Prozesse in einer Vielzahl von kleinen Verbesserungsschritten. Diese Schritte werden im Rahmen eines PDCA-Regelkreises verwirklicht.
- Wird das **betriebliche Vorschlagswesen** in das Konzept eines Total Quality Managements eingebettet, dann verliert es seine negativen Aspekte. Aus Betroffenen werden Beteiligte. Verbesserungsvorschläge werden die Regel und liegen im ständigen Bemühen aller Mitarbeiter.
- Die **Ziele** des **Qualitätsmanagements** bestehen insbesondere darin,
    - die Produktqualität zu sichern und zu verbessern,
    - die Qualität der betrieblichen Prozesse zu steigern und damit
    - die Kundenzufriedenheit zu stärken.

Übungsaufgabe

29

1. Gegen die traditionelle Qualitätskontrolle am Ende der Fertigung wird argumentiert, dass durch dieses Verfahren keine Fehler vermieden und die Fehlerursachen nicht beseitigt werden. Nehmen Sie hierzu und zu weiteren Schwachstellen der sogenannten Endkontrolle Stellung!

2. Nennen Sie mindestens drei umgangssprachliche Qualitätsmerkmale für ein technisches Gebrauchsgut (z. B. Flachbildfernseher, Bohrmaschine, Waschmaschine usw.), das in einem Privathaushalt verwendet werden soll!

3. Erläutern Sie, welche Vorteile mit der Einführung eines Qualitätsmanagements, insbesondere mit dessen Zertifizierung, verbunden sind!

4. **Textauszug:**

   „Wir sind der Partner unserer Kunden in der Dichtungs- und Schwingungstechnologie; die Vorstellungen, Ideen und Ansprüche unserer Kunden prägen unsere Aktivitäten. Ihre Zufriedenheit sichern wir mit einem umfassenden Produktangebot und beispielhaften Serviceleistungen – dabei beziehen wir, wenn sinnvoll, auch Kooperationspartner ein.

   Kundenzufriedenheit ist damit die Basis für die erfolgreiche Zukunft der Freudenberg Dichtungs- und Schwingungstechnik.

   Wir sind gewohnt, auf höchster Qualitätsstufe zu fertigen und streben das Ziel der Nullfehlerqualität an.

   Dadurch tragen wir zu höchster Kundenzufriedenheit bei. Im In- und Ausland arbeiten wir nach einem einheitlichen, hohen Ansprüchen genügenden Qualitätsmanagementsystem, aufbauend auf der DIN EN ISO 9000:2008. Alle unsere Standorte sind heute nach DIN EN ISO 9000:2008 zertifiziert.

   Reaktionsschnelligkeit und engster Kontakt zum Kunden sowie kostengünstige, flexible Fertigung sichern die Versorgung unserer Kunden. Lieferungen von höchster Qualität, Standardgarantien von 20 Jahren nach Erstlieferung sichern unseren Kunden die Ersatzteilversorgung. Das Erreichen höchster Produktivität und hoher Zuverlässigkeit der Produktion für unsere Kunden ist das Maß, das laufend zu verbessern ist."

   Quelle: Auszüge aus einem Prospekt der Freudenberg GmbH Dichtungs- und Schwingungstechnik, Weinheim.

   Aufgaben:
   4.1 Nennen Sie die Textstellen, die auf TQM hinweisen!
   4.2 Erläutern Sie den Begriff TQM!
   4.3 Der Text nennt „DIN EN ISO 9000:2008". Erläutern Sie, was hierunter zu verstehen ist!

5. **Textauszug**:

> FRANKFURT (dpa). Bei einem großen Automobilhersteller stehen die „Zeichen auf Sturm". Meldungen über Qualitätsmängel, zurückgehende Marktanteile und Personalabbau sorgten seit Monaten für Frust und Verunsicherung in der Belegschaft, kritisierte der Betriebsrat gestern die Unternehmensleitung. Die Arbeitnehmervertreter forderten den Vorstand zwei Tage vor der Bilanz-Pressekonferenz auf, klare Aussagen zum Erhalt von Arbeitsplätzen über die kommenden zwei Jahre hinaus zu machen. Die Pläne der Geschäftsleitung, in den nächsten Jahren unternehmensweit 5000 Arbeitsplätze abzubauen, seien der Belegschaft bekannt. Neu seien nun Presseberichte über einen geplanten Personalabbau von weiteren 10000 Stellen. ...

Aufgaben:
Beurteilen Sie mithilfe des Textauszugs die betrieblichen und volkswirtschaftlichen Folgen eines unzureichenden Qualitätsmanagements!

6.5 Umweltschutz

6.5.1 Grundsätzliches

Umweltschutz als Thema in der Wirtschaft hat eine bemerkenswerte Wandlung durchlaufen: Vom völligen Tabu, von lästiger Notwendigkeit, vom Sonderthema für Randgruppen ist Ökologie innerhalb weniger Jahre zu einer zentralen Profilierungschance für Unternehmen geworden. Außerdem haben verschärfte Umweltgesetze die Unternehmen veranlasst, sich mit Fragen des Umweltschutzes auseinander zu setzen. Die Fragen betreffen insbesondere die **Abfallvermeidung**,[1] das **Recycling** aus Produktionsrückständen und Konsumgüterabfällen sowie die **Entsorgung**. Um Rechenschaft über die Umweltbelastung des Unternehmens ablegen zu können, erstellen viele Unternehmen eine **Ökobilanz**.[2]

---

[1] Unter ökologischen Gesichtspunkten sind **Abfälle** im engeren Sinne ausschließlich die nicht mehr verwendbaren und nicht mehr verwertbaren (recyclingunfähigen) festen bzw. verfestigten Reststoffe, die deshalb umweltverträglich zu entsorgen sind. Im weiteren Sinne gehören jedoch auch die unvermeidbaren absatzfähigen Nebenprodukte der Produktion sowie die recyclingfähigen Wiedereinsatzstoffe der Produktion und die materiellen Konsumgüter (**Wertstoffe**) zu den Abfällen.

[2] Die **Ökologie** ist die Wissenschaft von den Wechselwirkungen zwischen den Lebewesen untereinander und ihren Beziehungen zur übrigen Umwelt.
Ein einprägsames Beispiel für einen ökologischen Zusammenhang ist die Ausrottung des Vogels Dodo (Dronte) auf der Insel Mauritius durch die Portugiesen im 16. Jahrhundert. Auf Mauritius gibt es einen Baum namens Calvaria major, der am Aussterben ist: Es gibt nur noch 13 Bäume, die allesamt älter als 300 Jahre sind. Die Samen der Bäume keimen nicht. Warum? Der ausgerottete Dodo fraß unter anderem die Samen des Calvaria-Baums, in dessen kräftigem Muskelmagen sich die Schalen der Samen so weit abrieben, dass die zum Teil unverdaut gebliebenen Samen ausgeschieden wurden und so zur Keimung gelangten. So erhielt der Baum den Dodo und der Dodo erhielt den Baum. (Quelle: Vogt, H.-H.: Ohne Dodo keine Bäume, in: Kosmos. Bild unserer Welt, Heft 9, September 1978, S. 628f.) Im täglichen Sprachgebrauch bedeutet ökologisch so viel wie umweltverträglich, umweltschonend. Ökologische Ziele sind demnach Ziele, die mit solchen Mitteln erreicht werden sollen, die der Schonung der natürlichen Umwelt dienen.

6.5.2 Abfallvermeidung, Recycling und Entsorgung

(1) Abfallvermeidung

> Der wirksamste Schutz der Umwelt besteht darin, alle umweltbelastenden Emissionen[1] (Abfälle, Abgase, Abstrahlungen usw.) möglichst zu vermeiden oder zumindest zu verringern.

Ohne Abfälle entstehen z. B. keine umweltschädlichen Belastungen der Lebewesen und deren Umwelt (z. B. der Umluft, Ozonschicht, Wälder, Gewässer, Landschaft und des Klimas) durch Schadstoffemissionen und keine Deponierungsprobleme für zu entsorgende Reststoffe. Abfallvermeidung und Abfallminderung bedeuten zugleich, dass die eingesetzten Werkstoffe und Energiestoffe besser genutzt und hierdurch nicht regenerierbare Werkstoffe und Energiestoffe (Primärstoffe) gespart werden.

Vorbeugende Umweltschutzstrategien (Umweltschutzmaßnahmen) durch Abfallvermeidung und -minderung müssen im Rahmen der Produktpolitik bereits bei der Planung neuer Produkte und deren Ausgangssubstanzen (Produktbestandteile) und neuer Produktionsverfahren (an den Quellen möglicher späterer Abfälle) ansetzen und in allen Produktions-, Absatz- und Entsorgungsphasen der Produkte fortgesetzt werden.

Kreislauf- und Abfallwirtschaft[2]

1 Oberstes Gebot: Abfälle vermeiden
- im Produktionsverfahren: durch Kreislaufführung der eingesetzten Stoffe
- durch abfallarme Produktgestaltung
- durch verändertes Verhalten der Konsumenten

2 Nicht vermeidbare Abfälle verwerten
- stoffliche Verwertung (Recycling)
- energetische Verwertung (Nutzung des Abfalls als Ersatzbrennstoff zur Energiegewinnung)

je nachdem, welche Art der Verwertung umweltverträglicher ist

3 Nicht verwertbare Abfälle beseitigen
- Behandlung der Abfälle, um deren Menge und Schädlichkeit zu vermindern (z. B. durch Müllverbrennung)
- Ablagern auf Deponien
- Abfallbeseitigung im Inland

---

[1] **Emission:** (emittere [lat.]) bedeutet so viel wie Aussendung, Freilassung, Ausströmen z. B. von luft- und wasserverunreinigenden Stoffen (z. B. Chemikalien, Stäube usw.). Die auf die Umwelt (z. B. Menschen, Tiere, Pflanzen) einwirkenden (eindringenden) oder dort bereits vorhandenen Schadstoffkonzentrationen werden **Immissionen** genannt (siehe auch § 3 BImSchG).
[2] Quelle: In Anlehung an: Sparkassen-Schul-Service 310748006.

> **Beispiele:**
>
> Abfallvermeidungsmaßnahmen sind beispielsweise der Einsatz abfallarmer Rohstoffe und Energiestoffe (z.B. Einsatz von Erdgas und Heizöl statt Kohle), die Vermeidung unnötiger Verpackungsmittel (z.B. Einsatz von Containern und Mehrwegverpackungen statt Einwegverpackungen), der Einsatz von modernen Produktionstechnologien mit einem hohen Wirkungsgrad der verarbeiteten und bearbeiteten Werkstoffe (z.B. keine bzw. geringere Produktionsrückstände und Energieverluste) und im weiteren Sinne auch Produkteliminationen und Produktionseinstellungen zur Vermeidung umweltgefährlicher (z.B. gesundheitsschädlicher) Produkte und Nebenprodukte (Kuppelprodukte, Emissionen).

(2) Recycling

Eine wirksame **umweltorientierte Recyclingpolitik der Unternehmen** umfasst alle Maßnahmen, mit denen bereits angefallene und zukünftig zu erwartende Stoffrückstände aus der Produktion und Rückstände von Konsumgütern in den industriellen Produktionsprozess zurückgeführt werden können. Aus Produktionsrückständen und Konsumgüterabfällen werden keine Abfälle (im engeren Sinne), sondern „neue" Werkstoffe oder Energien (**sekundäre Werkstoffe, Energiestoffe**) gewonnen. Die **Durchlaufwirtschaft** wird zu einer **Kreislaufwirtschaft**.

Recyclingarten (Recyclingmöglichkeiten)			
Wiederverwendung	Weiterverwendung	Wiederverwertung	Weiterverwertung
Produkte werden für den gleichen Verwendungszweck mehrfach genutzt.	Produkte werden für andere Verwendungszwecke mehrfach genutzt.	Produkte werden aufgelöst oder verändert und erneut in den bereits früher durchlaufenen Rohstoffkreislauf zurückgeführt.	Rohstoffe werden in bisher noch nicht durchlaufenen Produktionsprozessen in neue Produkte umgewandelt.
Beispiel	**Beispiel**	**Beispiel**	**Beispiel**
Pfandflaschen aus Glas.	Senfgläser werden als Trinkgläser weiterverwendet.	Glasscherben werden zur Glasherstellung wiederverwertet.	Aus Kunststoffflaschen werden Fleece-Pullis.

(3) Entsorgung

Wenn eine stoffliche Verwertung („Abfallnutzung") aus technischen Gründen nicht möglich oder unter wirtschaftlichen Gesichtspunkten zu teuer ist, dann müssen die nicht verwertbaren Reststoffe umweltverträglich durch ihre stoffliche Lagerung (Deponierung) auf Mülldeponien und/oder durch Verbrennung entsorgt werden.

> **Beispiel:**
>
> Eine umweltverträgliche Deponierung liegt z.B. vor, wenn der gelagerte Müll durch seine Verrottung wieder in den biologischen Kreislauf zurückgeführt wird.

Modell (Möglichkeiten) eines betrieblichen Umweltschutzes durch umweltorientierte Abfallvermeidung, Abfallminderung, Recyclingpolitik und Entsorgung[1]

Abfallvermeidung/ Abfallverminderung	vermeidet → mindert →	Recycling	vermeidet → mindert →	Abfallentsorgung

■ **umweltorientiertes Vermeidungs- und Verminderungsprinzip**

- vorbeugende (präventive) Abfallpolitik, z. B. durch:
  – Verwendung abfallarmer Einsatzstoffe (z. B. Werk- und Energiestoffe)
  – Erhöhung der Haltbarkeit der Produkte (Verlängerung der Produktelebensdauer)
  – Verzicht auf überflüssige, zu umfangreiche Verpackungen und Verpackungshilfsstoffe sowie Einsatz von Mehrwegverpackungen
  – Substitution umweltgefährlicher Einsatzstoffe durch umweltfreundliche Ersatzstoffe
  – Anwendung von Produktionsverfahren, die
    – sparsam arbeiten (Ressourcen schonen)
    – stoffliche und energetische Produktionsrückstände verwerten (z. B. Einsatz von Technologien mit hohem Wirkungsgrad)
  – Produkteliminierung und (völlige) Produktionseinstellung bei umweltschädlichen Produkten mit zu hohen Schadstoffemissionen

■ **umweltorientiertes Verwendungs- und Verwertungsprinzip („Rückstandsnutzung")**

- Rückführung von Werkstoffen, Energiestoffen, Betriebsmittel und Konsumgütern (**Wertstoffen**) durch **Recycling** in den (geschlossenen) Stoffkreislauf („Kreislaufwirtschaft")
- Schonung der natürlichen Umwelt durch geringere Einsatzmengen an Primärstoffen und Primärenergien und sinkende zu entsorgende Reststoffe

Recyclingarten

Verwendung:
■ Recycling im engeren Sinne
■ Wiederverwendung
■ Weiterverwendung

Verwertung:
■ Wiederverwertung
■ Weiterverwertung

■ Recycling im weiteren Sinne

■ **umweltorientiertes Entsorgungsprinzip**

- Ausscheiden der nicht recycelbaren Reststoffe der Produktion und Nachkonsumphase („Hausmüll") aus dem industriellen Stoffkreislauf
- umweltverträgliche Entsorgung durch Rückführung der Reststoffe in biologische Kreisläufe

Entsorgungsarten

- Deponierung
- Verbrennung
  - „gewöhnlicher" Industrie- und Hausmüll
  - Sondermüll: z. B. für die Menschen, Tiere und Pflanzen gefährliche (giftige) Schadstoffe

→ abnehmende ökologische Qualität (Effizienz) und Priorität
→ abnehmende Zurechnung der Umweltschutzkosten nach dem Verursacherprinzip

---

1 Dieses Modell entspricht im Wesentlichen der Vermeidung, Verwertung u. Beseitigung von Abfällen nach dem Kreislaufwirtschafts- und Abfallgesetz und der für Verpackungen erlassenen Verpackungsverordnung.

Bei der Entsorgung muss unterschieden werden, ob es sich um „gewöhnlichen" Industrie- oder Hausmüll oder um Sondermüll handelt. Im Gegensatz zum „gewöhnlichen" Müll enthält der Sondermüll gefährliche (giftige) Schadstoffe für Pflanzen, Tiere und Menschen.

Die Möglichkeiten des betrieblichen Umweltschutzes durch eine umweltorientierte Abfallvermeidung, Abfallverminderung, Recyclingpolitik und Entsorgung sind in einem Modell auf der S. 148 zusammengefasst.

Zusammenfassung

- Um die immer knapper werdenden nicht regenerierbaren natürlichen Ressourcen (z.B. primäre Roh- und Energiestoffe) und die Mülldeponien zu schonen, muss die Unternehmenspolitik vor allem auf einen möglichst **sparsamen Einsatz von Stoffen** und den **Einsatz von abfallarmen Stoffen** zur Minderung von zu entsorgenden Reststoffen gerichtet sein. Nur wenn die Produktionsrückstände unvermeidbar sind und Produkte nicht wiederholt genutzt werden können, müssen diese möglichst vollständig durch Recyclingmaßnahmen verwertet (wiederaufbereitet) werden. Abfallminderung bedeutet weniger Ressourcenverbrauch (z.B. Energieverbrauch) durch Recycling.

- Unter **Recycling** versteht man die kontinuierliche Rückführung von Stoffen in den Wirtschaftsprozess (Stoffkreislauf). Diese sogenannte Kreislaufwirtschaft umfasst die Wiederverwendung, Weiterverwendung, Wiederverwertung und Weiterverwertung (Recyclingarten im weiteren Sinne).

Übungsaufgabe

30 1. Die Unternehmenspolitik der Elektromotorenfabrik Ehrmann GmbH ist deutlich ökologisch ausgerichtet.
    1.1 Erklären Sie, was in diesem Zusammenhang mit „ökologisch" gemeint ist!
    1.2 Nennen Sie und beschreiben Sie drei Maßnahmen einer ökologischen Leistungserstellung im Industriebetrieb!
    1.3 Unterscheiden Sie zwischen der Wiederverwendung, Weiterverwendung, Wiederverwertung und Weiterverwertung von Produkten und geben Sie zu diesen Recyclingarten jeweils zwei Beispiele an!

2. Erklären Sie die folgenden Prinzipien zur Vermeidung und Verminderung von Umweltbelastungen:
    2.1 sparsamer Umgang mit den Ressourcen,
    2.2 Emissionsminderungen und
    2.3 Recycling!

3. Begründen Sie, warum die Abfallvermeidung und Abfallminderung unter ökologischen Gesichtspunkten günstiger zu bewerten ist als die Wiederaufbereitung (Rückstandsnutzung) von Wertstoffen durch Recycling!

4. Beschreiben Sie zwei Abfallvermeidungsmaßnahmen in einem Industriebetrieb!

5. **Arbeitsauftrag:** Erklären Sie, wie durch Kunststoff-Recycling unersetzbare fossile Rohstoffe eingespart und (zusätzlich) Energie gewonnen werden kann! (Lassen Sie sich von Chemieunternehmen entsprechende Informationen zuschicken bzw. informieren Sie sich über das Internet.)

7 Themenübergreifende Aufgaben

31 Fertigungsverfahren, Forschung und Entwicklung, Konstruktionsprozess, Rationalisierung, Bedarfsplanung, Terminierung, Qualitätsmanagement, Umweltschutz

Aufgaben:

1. Die Werkzeug- und Formenbau GmbH in Chemnitz konstruiert und fertigt Formwerkzeuge für Autokarosserieteile. Bisher beliefert das Unternehmen nur Automobilhersteller der Premium-Klasse, doch die weltweite Absatzkrise in diesem Marktsegment erfordert ein Umdenken in der Produkt- und Absatzpolitik. So erfolgt jetzt eine Zusammenarbeit mit dem südkoreanischen Hersteller Kajatsu. Das asiatische Unternehmen stellt ausschließlich Pkw der unteren Preisklassen her.

   Anhand der von Kajatsu gelieferten Konstruktionsunterlagen wird das Chemnitzer Unternehmen Formwerkzeuge für Motorhauben, Seitentüren und Heckklappen in **Einzelfertigung** produzieren. Die verschiedenen nach Südkorea gelieferten Pressformen sind Unikate, die dann vor Ort in die Hydraulikpressen eingebaut werden.

   1.1 Geben Sie Gründe für eine Einzelfertigung der Formwerkzeuge an!

   1.2 Stellen Sie mögliche Nachteile eines solchen Fertigungstyps dar!

   1.3 Beschreiben Sie, warum in diesem Fall die Werkstättenfertigung das geeignete Fertigungsverfahren für die Einzelfertigung ist!

2. Der asiatische Automobilhersteller verlangt neben niedrigen Einstandspreisen eine besonders einfache Handhabung und hohe Wartungsfreiheit der eingesetzten Formwerkzeuge. Dies stellt hohe Anforderungen an die zuständigen Abteilungen der Werkzeug- und Formenbau GmbH.

   2.1 Unterscheiden Sie die Forschungs- von der Entwicklungsabteilung!

   2.2 Überprüfen Sie, ob es sich hier um Grundlagen- oder angewandte Forschung handelt!

3. Die notwendigen Entwicklungsarbeiten werden in erster Linie von der Konstruktionsabteilung vorgenommen.

   3.1 Stellen Sie dar, welche Wirkungen die Konstruktion eines Produkts auf die nachfolgende Produktionsvorbereitung, Kalkulation, Beschaffung und Nutzung durch den Kunden hat!

   3.2 Die Konstruktionszeichnung wird durch Stücklisten ergänzt. Je nach betrieblichen Anforderungen werden drei Standardformen von Stücklisten unterschieden.

   3.2.1 Stellen Sie fest, um welche Stücklistenform es sich in Abb. 1 – 3 handelt:

   Abb. 1 (Auszug)

..................-Stückliste		
Baugruppen-Nr.	Beschreibung	
C	Matritze	
Teile	Beschreibung	Menge
28	Schieber	1
29	Auswerfer	1

Abb. 2 (Auszug)

................-Stückliste		
Stücklisten-Nr.	Bezeichnung	
A	Formpresse	
Teile	Gesamtmenge	Text
B	1	Stößel
C	1	Matritze
26	2	Heber
27	4	Blechhalter
28	4	Schieber
29	2	Auswerfer
30	2	Schiebekeil
31	4	Schiebeführung

Abb. 3 (Auszug)

................-Stückliste		
Stücklisten-Nr.	Bezeichnung	
A	Formpresse	
Teile-Nr.	Menge	Text
B	1	
26	2	
27	4	
C	1	
28	4	
30	2	
31	4	
29	2	

3.2.2 Grenzen Sie die drei Standardformen der Stücklisten voneinander ab!

3.3 Die Grundlage für einen Fertigungsauftrag bildet der Basisarbeitsplan. Stellen Sie dar, welche Angaben darin enthalten sind und wodurch sich der Basisarbeitsplan vom Auftragsarbeitsplan unterscheidet!

4. Um im asiatischen Markt bestehen zu können, verlangt die Geschäftsleitung umfangreiche Rationalisierungsmaßnahmen.

4.1 Erläutern Sie den Begriff Rationalisierung!

4.2 Nennen Sie vier vorrangige Ziele der Rationalisierung!

4.3 Gleichzeitig fordert die Geschäftsführung mehr betriebliche Standardisierung. Erörtern Sie in dem Zusammenhang die Vorzüge von Normung, Typung und Spezialisierung!

4.4 Zu den Einzelmaßnahmen der Rationalisierung kann auch der Fremdbezug von Bauteilen gehören.

Erörtern Sie, welche Fragen vor einer Make-or-Buy-Entscheidung beantwortet werden müssen!

4.5 Die Werkzeug- und Formenbau GmbH hat noch freie Kapazität. Die Geschäftsleitung überlegt daher, ob sie die Federsäulen für die Formwerkzeuge selbst herstellen oder von einem Zulieferer beziehen soll. Folgende Daten liegen vor:

   1. Fremdbezug: Bareinkaufspreis 630,00 EUR je Teil, Frachtkosten 1,5 % des Bareinkaufspreises.

2. Eigenfertigung: Verbrauch von Fertigungsmaterial 320,50 EUR, variable MGK 8 %, Fertigungslöhne 180,00 EUR, variable FGK 60,5 %.

Legen Sie rechnerisch dar, ob sich die Eigenfertigung lohnt!

5. Eine wirkungsvolle Lagerbestandsführung muss auf eine rationelle Bedarfsplanung achten. Unterscheiden Sie hierzu Primärbedarf – Sekundärbedarf, Bruttobedarf – Nettobedarf!

6. Im Rahmen der Produktionsprozessplanung findet insbesondere bei Einzelfertigung die Netzplantechnik Anwendung.

    6.1 Beschreiben Sie das Instrument der Netzplantechnik!

    6.2 Nennen Sie mindestens zwei Beispiele, wo sich die Netzplantechnik anbietet!

    6.3 Beschreiben Sie Vorteile der Netzplantechnik!

7. Qualitätsmanagementsysteme werden derzeit in der Fassung DIN EN ISO 9001: 2008ff. zertifiziert.

    7.1 Nennen Sie den Grund, warum diese Normenreihe die Prozessorientierung in den Vordergrund stellt!

    7.2 Erläutern Sie das Total Quality Management (TQM) als eine Maßnahme des Qualitätsmanagements!

    7.3 Geben Sie einen Überblick über die Grundsätze des TQM!

    7.4 Stellen Sie dar, worin der Nutzen des TQM-Konzeptes liegt!

8. Das Chemnitzer Unternehmen soll ökologisch ausgerichtet werden.

    8.1 Erklären Sie, was in diesem Zusammenhang mit „ökologisch" gemeint ist!

    8.2 Erläutern Sie vier Prinzipien des Umweltschutzes!

    8.3 Stellen Sie fest, wo die Verantwortlichkeiten für den Umweltschutz im Betrieb ihren Niederschlag finden!

32 Produktentwicklung, Produkt- und Produktprogramm, Fertigungsverfahren, Bedarfe, Rationalisierungsmaßnahmen, Kosten

Aufgaben:

Die Büromöbel GmbH in Haßfurt am Main produziert in **Serienfertigung** hochwertige Büroausstattung. Infolge der Wirtschaftskrise sinkt der Absatz in diesem Marktsegment um 40 %. Ein neu aufgelegtes staatliches Konjunkturprogramm soll in erster Linie deutschen Bildungseinrichtungen zugute kommen. Vor diesem Hintergrund erwägt die Büromöbel GmbH eine Ausweitung ihrer Produktpalette. Die durch die Absatzkrise frei werdenden Kapazitäten sollen für die Serienfertigung von preisgünstigen Schulschränken genutzt werden.

1. Das Management des Unternehmens beauftragt das interne Produkt-Controlling, die Planung für die neue Produktlinie vorzunehmen.

    1.1 Nennen Sie die Phasen einer Produktentstehung!

    1.2 Der nächste Schritt ist die operative Planung der neuen Produktlinie. Geben Sie einen Überblick über die grundsätzlichen Teilschritte der Produktplanung!

2. Zu den strategisch bedeutsamen Festlegungen der Büromöbel GmbH gehören auch Entscheidungen über die neue Zusammensetzung des Produktprogramms.

    2.1 Erläutern Sie, was die Büromöbel GmbH durch den Ausbau des Produktprogramms nach den Kriterien Fertigungsbreite und -tiefe erreichen möchte!

2.2 Erläutern Sie, welche produktionstechnischen und absatzwirtschaftlichen Faktoren die Planung des künftigen Produktprogramms beeinflussen können!

2.3 Stellen Sie dar, welche Festlegungen für das Produktprogramm „Schulschränke" zu treffen sind!

3. Die Schulschränke sollen auf der freigewordenen Fertigungsstraße III in Serien- und Reihenfertigung produziert werden.

   Erläutern Sie diese Verfahren!

4. Für das Fertigbauteil „0815 Sockelrahmen" ergeben sich bei aktuellem Auftragsbestand insgesamt folgende Bedarfe:

   zum 01.10...   1 000 Teile
   zum 31.10...   1 500 Teile
   zum 25.11...   1 200 Teile
   Lagerkosten pro Tag   0,03 EUR
   Rüstkosten   2 000,00 EUR

   Die drei Bedarfe sollen gegebenenfalls zu Fertiglosen gebündelt werden.

   4.1 Erklären Sie den Begriff optimale Losgröße!

   4.2 Zeigen Sie die vier Alternativen auf, wie man die Bedarfe kombinieren kann und berechnen Sie jeweils die Gesamtkosten!

5. Die Büromöbel GmbH möchte ermitteln, ab welcher Produktionsmenge sie die Gewinnzone erreicht. Bei voller Auslastung können 1 000 Schulschränke hergestellt werden.

   Die Gesamtkosten betragen monatlich:

   bei einer Produktion von 600 Schränken   150 000,00 EUR
   bei einer Produktion von 800 Schränken   180 000,00 EUR

   (Annahme: nur absolut fixe Gesamtkosten und proportional variable Kosten)

   Der Nettoverkaufspreis je Schrank beträgt 350,00 EUR.

   5.1 Ermitteln Sie die variablen Stückkosten!

   5.2 Berechnen Sie die fixen Kosten je Monat!

   5.3 Berechnen Sie den Break-even-Point!

6. Stellen Sie dar, warum das Just-in-time-Konzept für Kleinserien weniger geeignet ist!

7. Die Büromöbel GmbH plant im Rahmen von Rationalisierungsmaßnahmen zur Erhöhung der Wettbewerbsfähigkeit den integrierten EDV-Einsatz in allen mit der Produktion zusammenhängenden Betriebsbereichen.

   Erläutern Sie in diesem Zusammenhang das CIM-Konzept!

8. Zur weiteren Ergänzung der Produktpalette plant die Büromöbel GmbH die Fertigung von Alu-Regalen für Schulen. Das Unternehmen kann bei 100 %iger Kapazitätsauslastung des dafür angeschafften Biegeautomaten monatlich 500 Alu-Regale herstellen.

   Die Gesamtkosten betragen monatlich:

   bei einer 80 %igen Kapazitätsauslastung   65 000,00 EUR
   bei einer 90 %igen Kapazitätsauslastung   70 000,00 EUR

   Der Verkaufserlös je Alu-Regal beträgt 200,00 EUR.

   Die variablen Kosten verlaufen proportional.

8.1 Berechnen Sie die variablen Kosten je Regal!

8.2 Ermitteln Sie die fixen Kosten je Monat.

8.3 Übertragen Sie die gesamten fixen Kosten, die gesamten variablen Kosten, die Gesamtkosten, die Gesamterlöse und den Verlust bzw. Gewinn in eine übersichtliche Tabelle!

8.4 Berechnen Sie die Nutzenschwelle!

8.5 Erläutern Sie, bei welcher Ausbringungsmenge die Büromöbel GmbH ihren maximalen Gewinn hat!

8.6 Erläutern Sie am obigen Beispiel die Abhängigkeit der fixen Kosten, der variablen Kosten und der Kostenremanenz von der Produktionsmenge!

33 Programmierte Aufgaben

1. Aufgabe: Forschung

Wodurch ist die angewandte Forschung charakterisiert?

1. Die freie Erfindung eines Arbeitnehmers
2. Alle Arbeiten zur Erstellung der Marktreife eines Produkts
3. Das Herausfinden umweltfreundlichen Materials
4. Die Anfertigung einer Konstruktionszeichnung
5. Die Weiterentwicklung bereits eingeführter Produkte

2. Aufgabe: Planungsprozesse

Bringen Sie die einzelnen Schritte zum Planungsprozess der Produktentstehung in die richtige Reihenfolge. Der erste Arbeitsschritt bekommt die 1 usw.

1. Forschungs- und Entwicklungsarbeiten.............
2. Produktgestaltung und -entwicklung..............
3. Produktplanung...............................
4. Produktaufnahme in das Produktprogramm..........
5. Erstellen der Produktdokumentation..............
6. Produktidee...................................

3. Aufgabe: Konstruktion

Die entscheidenden Festlegungen hinsichtlich der Kostengestaltung des Produktes werden in der Abteilung Konstruktion vorgenommen. Welche der nachfolgenden Abteilungen stellt als Erste eventuelle Kostenabweichungen fest?

1. Finanzbuchhaltung
2. Produktentwicklung
3. Beschaffung
4. Kalkulation
5. Produktionsvorbereitung

4. Aufgabe: Einzelfertigung

Welchen Vorteil bietet die Einzelfertigung?

1. Geringer Planungsaufwand je Auftrag
2. Berücksichtigung von Kundenwünschen
3. Stets einheitliches Erzeugnis
4. Ist immer rationeller als die Serienfertigung
5. Kostengünstige Produktion, da niedriges Lohnniveau

5. Aufgabe: Serienfertigung

Wodurch ist u. a. die Serienfertigung charakterisiert?

1. Die Produktidee ist auf den anonymen Markt ausgerichtet
2. Fertigungsanlagen werden nur einmal für die Produktion einer Serie vorbereitet
3. Bei der Produktion fallen zwangsläufig weitere Produkte an
4. Losgrößen erschweren hier die Kalkulation
5. Geringer Umrüstaufwand bei der Serienfertigung eines anderen Produkts

6. Aufgabe: Werkstättenfertigung

Bei welchem Fertigungstyp ist die Werkstättenfertigung angebracht?

1. Massenfertigung
2. Partienfertigung
3. Serienfertigung
4. Einzelfertigung
5. Sortenfertigung

7. Aufgabe: Losgrößen

Welche Aussage über die optimale Losgröße ist richtig?

1. Sie ist die Summe aus Rüst- und Lagerkosten bei einer bestellten Menge
2. Je größer das Los, desto höher die fixen Kosten je Stück
3. Eine Erhöhung der Losgröße verringert die fixen Kosten je Stück
4. Optimale Losgrößen eignen sich besonders bei der Einzelfertigung
5. Die Losgröße gibt keine Auskunft über die Auflagengröße

8. Aufgabe: Rationalisierung

Womit befasst sich die Rationalisierung?

1. Mit der Verbesserung des Verhältnisses von Kosten und Leistungen
2. Mit der Standardisierung bei Einzelfertigung
3. Mit der Ermittlung der Vorgabezeiten
4. Mit der Festlegung von Absatzmengen
5. Mit der Einstellung von Arbeitskräften für die Fertigung

9. Aufgabe: Just-in-time-Konzeption

Welche Aussage beschreibt die Just-in-time-Konzeption?

1. Anlieferung zum vereinbarten Liefertermin
2. Just-in-time macht von Beschaffungsmärkten unabhängig
3. Zuverlässigkeit der Lieferanten ist hier zweitrangig
4. Mit Just-in-time werden Lagerbestände stark reduziert
5. Just-in-time verstärkt die Unabhängigkeit des Lieferanten

10. Aufgabe: Lean Production

Welche Aussage charakterisiert das Lean-Production-Konzept?

1. Die Vereinheitlichung von Erzeugnissen
2. Die fertigungssynchrone Anlieferung der Werkstoffe
3. Sorgt für die Verschlankung der Produktion
4. Ist für den Dienstleistungsbereich nicht geeignet
5. Sorgt für die Verschlankung des Unternehmens

11. Aufgabe: Arbeitsunterlagen

Welche Arbeitsunterlage der Fertigungsplanung ist unabhängig vom konkreten Auftrag?

1. Konstruktionszeichnung
2. Basis-Arbeitsplan
3. Laufkarte
4. Gesamtstückliste
5. Materialentnahmeschein

12. Aufgabe: Wirtschaftlichkeit

Berechnen Sie die Wirtschaftlichkeit!

Dem Unternehmen liegen folgende Zahlen vor:

Granulatverbrauch	40 cbm
produzierte Behälter	200 Stück
Rohstoffpreis je cbm	75,00 EUR
Verkaufspreis je Behälter	180,00 EUR

13. Aufgabe: Produktionsmenge und Kosten

Welche Aussage ist richtig?

1. Bei sinkender Produktionsmenge sinken auch die Lohnkosten je Stück
2. Bei steigender Produktionsmenge erhöhen sich automatisch die fixen Kosten
3. Sinkende Produktionsmenge verursacht keine Kostenremanenz
4. Die Stückkosten steigen bei niedriger Produktionsmenge
5. Steigende Produktionsmenge führt zur Verminderung der Fixkosten

14. Aufgabe: Bestandsarten

Welche der folgenden Aussagen beschreibt den Bestellbestand?

1. Bestand darf für weitere Aufträge nicht mehr verwendet werden
2. Bestand dient dem Ausgleich von Unsicherheiten z.B. bei Lieferanten
3. Lagerbestand kann mit Sicherheit für die Produktion verwendet werden
4. Bestand ist noch nicht tatsächlich auf Lager
5. Bestand kann mit hoher Wahrscheinlichkeit für die Produktion verwendet werden

15. Aufgabe: Bedarfsarten

Welcher Begriff bezieht sich auf die Menge der verkaufsfähigen Güter und Dienstleistungen?

1. Tertiärbedarf
2. Bruttobedarf
3. Sekundärbedarf
4. Nettobedarf
5. Primärbedarf

Stichwortverzeichnis

A

Abfälle (Fußnote 1) 145
Abfallentsorgung 147
Abfallvermeidung 146
Absatzprozesse 7
absolut fixe Kosten 110
Anforderungsliste 14
anlageintensives Fertigungsverfahren 120f.
Arbeitsanweisung 106
arbeitsintensives Fertigungsverfahren 120f.
Arbeitsplan 25f.
Arbeitsproduktivität 125
Arbeitsstücklisten 22
Auditoren 138
Auflagengröße 44
Auftragsabfolgediagramm 100ff.
Auftragsarbeitsplan 25, 105
Auftragsstückliste 105
Automation 37
automatische Fertigung 37

B

Balkendiagramm 93f.
Basisarbeitsplan 25f.
Baukastenstückliste 23ff.
Baukastensystem 55f.
Baukastenteileverwendungsnachweis 27
Bedarfsarten 75
Bedarfsermittlung 76
Bedarfsplanung 71ff.
Benchmarking 136
Beschaffung 14
Beschaffungsprozesse 7
Bestandsarten 71ff.
Bestellbestand 71ff.
betriebliches Vorschlagswesen 142f.
Bottom-Up 27
Break-even-Point 118f.
Bruttobedarf 75, 78
Bruttobedarfsermittlung 81
Bruttobedarfsrechnung 76f.

C

Chargenfertigung 38
CIM-Konzept 65f.
Controllingprozesse 7f., 108ff.

D

degressive Kosten 113f.
Deming-Kreislauf 141
DIN EN ISO 9001:2008ff. 132, 134ff.
Disponierbarer Lagerbestand 71ff.
Dispositionsstückliste 22
Durchlaufwirtschaft 147

E

effektiver Lagerbestand 71ff.
Eigenfertigung 57f.
Einstellplan 106
Einzelfertigung 38
Emission (Fußnote 1) 146
Entsorgung 14
Entwicklung 11
Erzeugnisstruktur 20

F

Fehlerfolgekosten 133
Fehlerkosten 133
Fehlerverhütungskosten 133
Fertigungsdokumente 104ff.
Fertigungsorganisation 39ff.
Fertigungsprogramm 31
Fertigungstypen 37ff.
Fertigungsüberwachung 106f.
Fertigungsveranlassung 104
Fertigungsverfahren 35ff.
Fertigungsverfahren und Kostenentwicklung 120ff.
fixe Kosten 110
flexible Fertigungssysteme 33
Fließbandfertigung 41f.
Fließfertigung 41
Forschung 11
freie Puffer 93, 96
Fremdbezug 57f.

G

Gantt-Diagramm 93ff.
Gebrauchsmuster 15
Gesamtpuffer 93, 96
Geschäftsprozesse 7
Geschmacksmuster 15
Gesetz der Massenproduktion 119
Gewinnmaximum 119
Gewinnschwelle 118f.
Gewinnzone 118f.
Grafischer Baum 20
Gruppenfertigung 42f.
Gütezeichen 16

H

Handarbeit 36

I

Innovation 140
Inselfertigung 42f.
Intervallfertigung 43

J

Just-in-time-Konzeption 60f., 62

K

Kaizen 62, 63f., 140
Kalkulation 14
Kalkulationsstückliste 22
Kapazitätsabgleich 90f.

Kapazitätsbelegungsplanung 90ff.
Kapazitätsgrenze 118
kapitalintensives Fertigungsverfahren 120f.
Kapitalproduktivität 126
Kernprozess 7
Konstruktionsprozesse 18
Konstruktionsstückliste 21
Konstruktionszeichnung 18f.
kontinuierlicher Verbesserungsprozess 63, 140
Kosten
- absolut fixe 110
- fixe 110
- degressive 113f.
- progressive 113
- proportionale 112
- relativ fixe 111
- sprungfixe 111
- überproportionale 113
- unterproportionale 113f.
- variable 112ff.
Kostenentwicklung 120ff.
Kostenpunkt
- kritischer 116ff.
- optimaler 119
Kostenremanenz 114f.
Kostenstruktur 120
Kostenverschiebungen 121f.
Kreislaufwirtschaft 147
kritische Kostenpunkte 116ff.
kritische Menge 121f.
kritische Produktmenge 121f.
kritischer Pfad 95f.
KVP-Konzept 140

L
Lagerbestände 71ff.
Lagerhaltungskosten 44ff.
Lastenheft 14
Lean Management 62ff.
Lean Production 61f.
Lebensphasen eines Produkts 12ff.
Leerkosten 111
Leistungserstellungsprozess 7
Lizenz 15
Lohnschein 105
Los 44, 87
Losgröße
- optimale 43ff., 88ff.

M
Make or Buy 57f.
Management
- prozess 7
- traditionelles 64
Marke 16
Maschinenbelegungsplan 100ff.
Massenfertigung 39
Materialliste 105

Materialschein 106
Mengenübersichtsstücklisten 22
Mengenübersichtsteileverwendungsnachweis 27
Mischkosten 114

N
Nettobedarf 75, 78
Nettobedarfsrechnung 78ff.
Netzplan 93
Netzplantechnik 92ff.
Normen 53ff.
Normung 53, 54
Nutzenschwelle 117f.
Nutzkosten 111
Nutzung 14

O
Ökologie (Fußnote 2) 145
optimale Losgröße 43ff., 88ff.
optimaler Kostenpunkt 119
Organisationstypen 39ff.
Outsourcing 64

P
Partiefertigung 38
Patent 15
PDCA-Kreislauf 141
Pflichtenheft 14
Planungsprozesse 7f.
Primärbedarf 75
Prioritätsregeln 91f.
Produkt 9
Produktbewertungsprofile 10
Produktdokumente 18
Produktentstehung 9
Produktgestaltung 12
Produktions-Controlling 108ff.
Produktionsplanung 69ff.
Produktionsprogramm 31ff.
Produktionsprozessplanung 69ff.
Produktionsprozesssteuerung 104ff.
Produktionssteuerung 69f.
Produktionsterminplanung 84ff.
Produktionstypen 37ff.
Produktionsvorbereitung 13
Produktivität 125
Produktplanung 9
Produktprogramm 31
Programmtiefe (Fertigungstiefe) 32
progressive Kosten 113
proportionale Kosten 112
Prozessqualität (Kennzahlen) 127f.
Prüfanweisung 106
Prüfkosten 133

Q
Qualität 132f.
Qualitätskosten 133
Qualitätsmanagement 130ff.

R
Rationalisierung 50ff.
Rationalisierungsinvestition 52
Rationalisierungskonzepte 60f.
Rechtsschutz der Erzeugnisse 15f.
Recycling 147
Reihenfertigung 40
relativ fixe Kosten 111
Rentabilität 127
Reservierter Bestand 71ff.
Rüstkosten 44, 46

S
Sekundärbedarf 75
Serienfertigung 38
Seriengröße 44
Serviceprozess 7
Sicherheitsbestand 71ff.
Simultaneous Engineering 62, 65
Sortenfertigung 38, 43
sprungfixe Kosten 111
Standardisierung 52ff.
Steuerungsprozesse 7f.
Strukturstücklisten 22f.
Strukturteileverwendungsnachweis 27
Stücklisten 21f.

T
Teilefamilienfertigung 52f.
Teileverwendungsnachweis 27f.
Terminplanung 85ff.
Teritärbedarf 75
Total Quality Management 62, 63f.131, 138f.
toter Punkt 119
TQM 62, 63f., 131, 138f.
traditionelles Management 64
Typung 56f.

U
überproportionale Kosten 113
Umweltschutz 145ff.
unterproportionale Kosten 113f.
unterstützende Prozesse 7

V
variable Kosten 112ff.
Verbesserungsprozess
 – kontinuierlicher 63, 140
Verfügbarer Lagerbestand 71ff.
Verlustzone 118f.
Vorgangsliste 93
Vorlaufzeiten 84ff.

W
Wagner-Whitin-Algorithmus 88
Werkstättenfertigung 39f.
Werkzeugentnahmeschein 106
Werkzeugwechselplan 106
Wertstoffe 147, 148
Wirtschaftlichkeit 126f.

Z
Zertifizierung 138